DAS BUCH

Haben Sie eine absurde, banale oder sogar peinliche Frage zur Liebe? Können Männer und Frauen befreundet sein? Darf ich meiner Freundin sagen, dass sie zu kleine Brüste hat? Ist Fremdgehen nach der Hochzeit noch drin? Oder auch: Hat sich mein Mann die Ehe mit mir erschlichen?
Solche und andere *Fragen nach der Liebe* beantwortet Malte Welding seit 2010 regelmäßig in der *Berliner Zeitung,* fair und mutig, schonungslos, aber nie boshaft und immer überraschend. Er bedient sich dabei der ganzen europäischen Geistesgeschichte, regt zum Nachdenken, Philosophieren und Entschlossen-auf-den-Tisch-hauen an.
Wie es anfängt, wie es ist und wie es endet – davon erzählt er mit Verve, Witz und Scharfsinnigkeit; immer bereit, eine Beziehung oder wenigstens die Würde zu retten.

DER AUTOR

Malte Welding, geboren 1974, studierte Jura in Bonn. 2006 gründete er das Fußballblog »Fooligan« und war Autor und Chefredakteur des mit dem Grimme-Preis ausgezeichneten Internetmagazins »Spreeblick«. Seine Essays und Kolumnen erscheinen u.a. in der *FAZ, FAS* und *taz.* Er lebt mit Frau und Kind in Berlin.

KiWi

1340

MALTE WELDING

ANGEZOGEN HAST DU MICH MEHR ANGEZOGEN

und andere Standardsituationen der Liebe

Kiepenheuer & Witsch

MIX
Papier aus verantwortungsvollen Quellen
FSC® C083411

Verlag Kiepenheuer & Witsch, FSC® N001512

1. Auflage 2014

Umschlaggestaltung: Barbara Thoben, Köln
Umschlagmotiv: © plainpicture/Mimi Ko
Gesetzt aus der Aldus und der Grotesque MT
Satz: Buch-Werkstatt GmbH, Bad Aibling
Druck und Bindearbeiten: CPI books GmbH, Leck
ISBN 978-3-462-04550-5

VORWORT

Bevor ich anfing mit dem Jurastudium, dachte ich, das würde ein kurzer Spaß werden. Ich stellte mir das Recht vor wie einen langen Bußgeldkatalog: Jemand tötet jemanden – lebenslang. Jemand klaut – ein Jahr Haft. Nach der ersten Vorlesung im Strafrecht musste ich meinen Irrtum einsehen. Die kleinste Änderung des Sachverhalts ändert alles.

Ich studierte dann sehr, sehr lange.

Nun schreibe ich seit 2010 im Magazin der *Berliner Zeitung* eine Kolumne über die Liebe, vielmehr beantworte ich mit kleinen Abschweifungen Leserfragen. Meine Freunde nennen mich Dr. Sommer für Erwachsene. Meine Feinde auch. Die häufigste Frage, die mir im Zusammenhang mit der Kolumne gestellt wird, ist: »Was sind denn das für Leute, die so irre Fragen stellen?« Auf den ersten Teil der Frage kann ich nur antworten, was Prostituierte immer sagen: »Alle, vom Arbeiter bis zum Akademiker.«

Zum zweiten Teil muss ich etwas ausführlicher werden: Die Fragen sind nicht irre, im Gegenteil. Sie geben dem, was am wichtigsten ist in unserem Leben, die Bedeutung, die ihm angemessen ist. Und ich zähle dazu auch die Frage nach dem Schnitt der Schamhaare.

Und ja: Das Wichtigste in unserem Leben, das ist die Liebe. Wir erinnern uns nicht an unsere Lateinaufgaben, an denen wir stundenlang saßen. Wir wissen nicht mehr, für welche Jacke wir die ganzen Ferien über Pizza ausgefahren haben. Wir kennen nicht mehr die Gags aus unserer Lieblingsshow, die wir unbedingt jeden Nachmittag schauen mussten. Wir erinnern uns an diesen einen Tag im Sommer, als wir im Freibad von einem Regenschauer überrascht wurden und sitzen blieben, weil sie da saß. Wir erinnern uns daran, was er sagte, als er aus dem Krieg wiederkam, wie sie schaute, wie er roch. Was aus Liebe entsteht, das macht unser Leben aus.

Und diese Liebe nun, die ist leider noch etwas verwirrender als Jura. Dieselbe Frage, von jemandem gestellt, der nur ein paar Jahre jünger oder älter ist, verlangt eine ganz andere Antwort.

Aber was heißt schon Antwort? Die Leser wissen recht genau, was sie von mir wollen. Sie legen mir nicht die Entscheidung über ihr Schicksal in die Hand. Sie wollen eine neue Perspektive.

Viele der Fragen hätten so schon vor zweitausend Jahren gestellt werden können. Manche hätte man noch vor zehn Jahren nicht einmal verstanden. Miteinander verheiratete Frauen, polyamor lebende Menschen, Paare, die sich online begegnet sind.

Die Liebe war noch nie so frei und doch spürt man die verbliebenen Fesseln. Immer noch muss einen jemand zurücklieben, es ist wie im Fußball. Das Schwere am Spiel, das ist der Gegner. Das Schwere an der Liebe, das ist der andere.

Und man selbst ist nun einmal auch alles andere als geschichtslos. Mit 30 haben wir heute mehr feste Partner gehabt als unsere Vorgängergeneration im ganzen Leben. Was leider impliziert, dass die Partner gar so fest nicht waren. Wir sind wahnsinnig lange jung, aber wenn wir in den Spiegel schauen, dann sehen wir dort Narben. Narben vom Nicht-zurückgerufen-Werden, Narben von der Scheidung, Narben von Traummann eins bis sechs, von Prinzessin eins bis siebzehn. Die Verantwortung für die Liebe, die ganze Freiheit, die lastet heute auf uns ganz allein.

Da ist es vielleicht manchmal ganz gut, wenn ein Jurist sich drum kümmert.

WIE ES ANFÄNGT

SCHMERZHAFTE LIEBE: ICH HABE KEINE KRAFT MEHR

Ich habe das Gefühl, mich nicht immer und immer wieder auf noch eine Beziehung einlassen zu können. Liebe tut mir nicht gut. Sollte ich es nicht einfach lassen?

Elske, 32

Forscher des Max-Planck-Instituts für Ornithologie in Seewiesen haben in einem Kuhstall Videoaufnahmen von fast 9000 Stubenfliegen ausgewertet. Diese Stubenfliegen sind bevorzugte Nahrung der Fransenfledermaus. Für die Fransenfledermaus, die sonst vor allem in bodennahen Waldschichten jagt, ist so ein Kuhstall natürlich ein Schlaraffenland, sollte man meinen, aber ganz so einfach ist es nicht; die Fransenfledermäuse sind nachtaktiv, die Stubenfliegen tagaktiv, und Fliegen, die sich nicht bewegen, sind auf dem rauen Untergrund der Stalldecke vom Ultraschall der Fledermäuse nicht zu orten.

Wenn jedoch Stubenfliegen Geschlechtsverkehr haben, ist das zu hören: Sie singen keine Liebeslieder, sie stöhnen auch nicht, die Kopulationsgeräusche entstehen dadurch, dass die Männchen beim Sex wild mit den Flügeln schlagen.

Bei etwa fünf Prozent aller von den Forschern beobachteten Kopulationen wurden beide Fliegen, Männchen wie Weibchen, von einer Fransenfledermaus attackiert und in beinahe jedem Fall auch verschlungen. Beide. Die Forscher fassten ihr Ergebnis mit den Worten »Sex kills« zusammen. Sex tötet.

Jochen Laabs dichtete in seinem »Isländischen Liebesgedicht«: »Ich bin der Bottich // du drin der Hering. // Und das Salz zwischen uns // ist die Liebe // die uns haltbar macht // und zerfrißt«.

Die Doppelnatur der Liebe macht uns unser Leben lang zu schaffen. Man braucht sie, aber sie richtet einen hin, sie reißt alle Widerstandskraft nieder, sie öffnet die Mauern zwischen uns und der Welt und lässt uns schutzlos zurück.

Liebe ist gefährlich – und was haben wir davon? Die französische Malerin Françoise Gilot antwortete im *SZ-Magazin* auf die Frage, ob sie es jemals bereut habe, mit Picasso gelebt zu haben, Reue sei »pure Zeitverschwendung«, sowieso sei es »viel interessanter, mit einem besonderen Menschen etwas Tragisches zu erleben, als ein wunderbares Leben mit einer mittelmäßigen Person zu führen«. Außerdem werde dieser mittelmäßige Mensch einen ebenso zerstören, er brauche nur mehr Zeit dafür.

Pudding tut uns nicht gut, Rauchen tut uns nicht gut, Faulenzen nicht, Fleisch nicht, Liebe nicht. Eines davon ist unverzichtbar. Ralf König schrieb einmal, die mit dem HI-Virus verbundene Tragödie sei: Wäre es im Kaffee, würde man eben keinen Kaffee mehr trinken. Aber es trifft uns da, wo wir wild, töricht und am verletzlichsten sind.

Wenn eine Fliege sprechen könnte, wir würden sie verstehen: Sie bereut keinen Flügelschlag, keinen einzigen.

ENTHÜLLTE LIEBE: ANGEZOGEN HAT SIE MICH MEHR ANGEZOGEN

Schon seit Monaten bin (oder vielleicht muss ich schon sagen »war«) ich in eine Kommilitonin verliebt. Ich habe ziemlich lange an ihr rumgegraben, habe ihr meine Liebe gestanden und als ich schon selbst nicht mehr daran geglaubt habe, hat sie wohl auch angefangen, etwas für mich zu empfinden. Jetzt haben wir zum ersten Mal miteinander geschlafen. Nun: Irgendwie sah sie nackt überhaupt nicht mehr attraktiv aus. Ich bin eigentlich nicht gerade superoberflächlich, in Klamotten deutete auch gar nichts darauf hin, aber der Sex war so wirklich kein Vergnügen. Meine ganze Verliebtheit ist jetzt ziemlich weg, mit ihr schlafen will ich eigentlich auch nicht mehr. Aber jetzt stehe ich doch vor ihr – und vielleicht sogar vor allen anderen – als jemand da, der nur einmal mit einer ins Bett will und sie dann abschießt.

Jörn, 22

Während es über die Ejaculatio praecox, den vorzeitigen Samenerguss, zahlreiche Untersuchungen gibt, ist die Evocatio praecox ein nicht ausreichend gewürdigtes Phänomen. Dabei kann das frühzeitige Herausrufen von Liebesschwüren in höchste Not führen und ist beinahe immer peinlich.

In Filmen ist es bis heute Ausweis schlimmsten Machotums, wenn ein Mann sagt, er würde nur im Bett jemanden richtig kennenlernen. Und doch ist in der Realität die Idee nicht ganz von der Hand zu weisen, dass zwei Menschen sich vielleicht einmal nackt gesehen haben sollten, ehe sie ihr weiteres Leben miteinander planen.

Während in Heldenepen, seien sie auch noch so modern, von »Star Wars« bis »Man of Steel« die Liebe sogar dem ersten Kuss vorangeht, steht erstaunlicherweise in romantischen Komödien von »Harry und Sally« über »Vier Hochzeiten und ein Todesfall« bis »Bridesmaids« zuerst der Sex und erst viel später die Liebe. Das Heldenprinzip ist also Käse.

Auch ein zweites Prinzip erweist sich als untauglich: Die oft sehr zu Unrecht als Allheilmittel gepriesene Ehrlichkeit.

Man kann einfach niemandem sagen, dieser habe einen angezogen eben mehr angezogen.

Allerdings ist es so, dass nicht alles an jedem Tag gleich aussieht. Makel am Partner sind in Wirklichkeit oft eigene Unsicherheiten. Manchmal verirrt sich ein Blick und nagelt sich an einem Pickel fest, den man unter besseren, heitereren Umständen gar nicht sehen würde.

Der französische Philosoph Paul Valéry hat gesagt, der Mensch lebe und sterbe in dem, was er sieht. »Aber er sieht nur, was er denkt«, fügte er hinzu. Treffen Sie sich doch noch einmal. Denken Sie Liebe. Sehen Sie Schönheit.

UNVERTRAUTE LIEBE: VIELLEICHT WILL DER NEUE MANN NUR MIT MIR SCHLAFEN

Zehn Jahre war ich in einer Beziehung, und schon seit längerer Zeit hatte ich mich gefragt, ob es noch Liebe war oder bloß Gewohnheit. Dann lernte ich einen Mann kennen, mit dem mich intuitiv etwas verband. In der ersten Nacht haben wir uns sieben Stunden unterhalten, irgendwann später miteinander geschlafen. Vor zwei Wochen trennte ich mich von meinem bisherigen Freund, weil der Neue eine Entscheidung wollte. Doch seither meldet der sich kaum noch. An diesem Wochenende sagte er, dass er mich lieben würde und mit mir zusammen sein will. Aber als ich ging, gab er mir nur einen flüchtigen Kuss. Jetzt glaube ich, er sagt das alles nur, weil er mit mir schlafen will. Soll ich mich weiterhin bei ihm melden?

Katja, 29

Ihr neuer Freund sagt, dass er Sie liebt und mit Ihnen zusammen sein will. Das kann gelogen sein oder die Wahrheit.

Wenn man einen neuen Partner tauscht gegen einen, mit dem man zehn Jahre zusammen war, dann soll sich das emotional lohnen, dann müsste man sich bei seinem neuen Freund ebenso geborgen fühlen.

Nur, wie lange hat es in der nun beendeten Beziehung gedauert, bis alles aufeinander eingespielt war, bis man einander gesagt hat, dass man sich liebt und das auch glauben konnte?

Damals waren Sie 19, vielleicht haben Sie sich schon am ersten Tag gesagt, dass Sie sich lieben, was auch immer das in dem Moment bedeuten konnte. Doch jetzt erwarten Sie mehr von einer Beziehung, Sie erwarten emotionale Stabilität, Sie erwarten eine echte Verbindung – aber es soll sich nicht anfühlen wie Gewohnheit (sonst wären Sie ja wieder da, wo Sie herkommen). Das alles gibt es aber eben nicht einfach so.

Zu den vielen Paradoxien der Liebe gehört, dass man zu Beginn einer Beziehung mit Unsicherheit zu kämpfen hat – so wie man im Verlauf einer Beziehung mit Sicherheit zu kämpfen hat. Erst ist alles fremd und ungewohnt, dann ist alles zu gewohnt.

Die Frage ist: Wann kann man eigentlich mal seine Beziehung einfach nur genießen?

Die Antwort: Das geht nur dann, wenn man seine Freude nicht allein von der Reaktion des anderen abhängig macht. Wenn man mit jemandem, den man gerade erst kennt – und daher also nicht wirklich kennt – schläft, dann, weil man das gerne möchte, und nicht, damit der einen später lieb hat oder als Absicherung dafür, dass er einen wirklich mag.

Früher einmal entstand aus Liebe vielleicht Sex, heute entsteht aus Sex vielleicht Liebe. Dafür braucht man Nerven, die hat man nicht immer. Aber insgesamt ist es ein gesellschaftlicher Fortschritt, immerhin.

MISSTRAUISCHE LIEBE: MEIN FREUND VERHEIMLICHT MIR DINGE

In meinen früheren Beziehungen bin ich eigentlich immer erst belogen, dann verlassen und gegen eine neue Frau ausgetauscht worden. Vor drei Monaten habe ich online einen Mann kennengelernt. Schon kurz nach unserem Kennenlernen war ich viel allein in seiner Wohnung und fing irgendwann an, in die Schreibtischschubladen zu schauen. Ich entdeckte, dass er bei Kleinigkeiten in Bezug auf andere Frauen nicht ganz die Wahrheit gesagt hatte. Diese Unwahrheiten kriege ich nun nicht aus meinem Kopf mit dem Ergebnis, ihm nicht zu vertrauen.

Johanna, 40

In jedem Film von Quentin Tarantino gibt es eine ähnliche Situation wie diese, in der Sie jetzt stecken. Dort stehen drei Gegner mit gezogenen Waffen, die sich gegenseitig bedrohen. Wer schießt, der wird erschossen werden. Mexican Stand-off nennt sich diese Konstellation.

Wenn Sie die Konfrontation suchen, wird er Ihnen vorhalten, seine Wohnung ohne Durchsuchungsbeschluss auseinandergenommen zu haben.

Die Wikipedia weiß, dass die Gegner nun gezwungen sind, den Mexican Stand-Off durch Diplomatie, Kapitulation oder einen Erstschlag zu beenden, was zeigt, dass in der Wikipedia wenige Menschen mit Schießerfahrung schreiben, denn gerade der Erstschlag bringt in dieser Situation keinen Vorteil.

Um die Diplomatie auf den Weg bringen zu können, muss zunächst Heimlichkeit verstanden werden.

Die erst vor wenigen Jahren entwickelte Tilburg Secrecy Scale, ein Fragebogen, mit dessen Hilfe Heimlichkeit untersucht wird, zeigt auf, dass Heimlichkeit fünf Dimensionen hat. »Selbst-Geheimhaltung« beschreibt die Neigung, aktiv vor anderen persönliche Informationen zu verbergen. Ferner gemessen werden die Punkte »Besitz eines Geheimnisses«, »Angst vor der Aufdeckung«, »Kognitive Beschäftigung«, »Bereitschaft, selbst aufzudecken«.

Bei Ihrem Freund verhält es sich so, dass er Sie bereitwillig allein in seiner Wohnung lässt. Sie haben die Informationen auch nicht in seinem Safe gefunden. Er ist also weder beherrscht von dem Gedanken, noch hat er allzu große Angst vor der Aufdeckung.

Es ist nicht das Ergebnis Ihres Funds, dass Sie ihm nicht mehr vertrauen – die Ursache für Ihre Suche ist Ihr Misstrauen. Sie trauen nicht, weil Sie enttäuscht wurden. Es ist, als hätten Sie in Ihrem Leben einige Male gewürfelt und immer war es eine Eins. Sie glauben nicht mehr an die Existenz von Zweiern, ganz zu schweigen von Sechsern. Aber in dem Spiel, um das es hier geht, sind Sechser gar nicht selten. Man muss nur weiterwürfeln.

GESTÄNDIGE LIEBE: ER HAT ZU FRÜH GESAGT, DASS ER MICH LIEBT

Seit zwei Wochen bin ich mit meinem neuen Freund zusammen. Gestern nun hat er gesagt, dass er mich liebt. Sie haben doch vor Kurzem von einer Evocatio praecox geschrieben. Ist das nicht viel, viel zu früh?

Annika, 29

Man kann zu früh sagen, dass man jemanden liebt, aber man kann das Gefühl haben, jemanden schon zu lieben, ehe man ihn kennt. Hören Sie auf, Sinn zu suchen, hier geht es um Liebe.

Seit mein Sohn etwa drei Monate alt ist, freut er sich sichtbar, wenn er mich nach längerer Zeit wieder sieht. Er ruckelt dann wild mit den Armen und Beinen, sein ganzer Körper wippt auf und ab, er strahlt, er quiekt, er birst schier vor Freude. Er findet mich in diesem Moment etwa so gut wie Alufolie und wenn ich nach so kurzer Bekanntschaft etwas über meinen Sohn weiß, dann, dass er Alufolie großartig findet.

Nun ist es jedoch so, dass ein so junges Baby keine Objektpermanenz und somit auch keine Personenpermanenz hat. Mein Baby weiß nicht, dass ein Mensch weiterexistiert, wenn dieser aus seinem Sichtfeld verschwindet. Weshalb man mit kleinen Kindern Verstecken spielen kann, indem man sich ein Tuch vor den

Kopf hält. Sieht mich mein Baby nur einige Minuten nicht, freut es sich allerdings nicht im Geringsten, mich wiederzusehen.

Wenn ich für mein Kind aber schon mit Tuch über dem Kopf aufhöre zu existieren, warum freut es sich dann nicht, mich wiederzusehen, wenn ich nur kurz auf der Toilette war, findet mich aber nach mehreren Stunden etwa so gut wie Alufolie?

Es lebt doch in einer zeitlosen Welt! Es weiß gerade einmal, dass man erst nach etwas greifen muss, BEVOR man es sich in den Mund steckt, aber einige Stunden sollten für ihn so lange dauern wie einige Minuten. Ich fragte unsere Kinderärztin während einer Untersuchung, wie das zu erklären sei. Sie sagte, ich solle mir nicht so viele Gedanken machen.

Neugeborene Eltern sind genauso große Narren wie Frischverliebte. Und wir Narren also, wir, ausgerechnet, von allen Menschen, haben mit Liebe zu tun, dem größten aller Mysterien. Liebe, die schon da ist, ehe sie da ist, die in uns schon im Mutterleib schlummert, die uns jauchzen und zappeln lässt, noch ehe wir irgendetwas begreifen von der Welt, von der Zeit, von Objektpermanenz.

Was uns also lieben lässt, das ist die tief in uns verwurzelte Bereitschaft, zu lieben.

Und wenn wir Glück haben, dann treffen wir auf jemanden, der sich jeden Tag von Neuem bemüht, in etwa so liebenswert zu sein wie Alufolie.

ERFAHRENE LIEBE:
ICH BIN ZU ALT ZUM VERLIEBEN

Nach einigen längeren Beziehungen bin ich nun seit mittlerweile drei Jahren Single. Und nicht zufrieden damit. Ich erlebe häufig Interesse von Männern an mir, aber nur selten bin ich interessiert. Ich hab langsam das Gefühl, dass ich zu alt bin zum Verlieben: zu befangen, zu viel schon gesehen, zu erfahren, zu vorausschauend. Braucht man zum Verlieben etwas Naivität, die einem mit dem Alter vielleicht immer mehr verloren geht? Aber wie sollte ich mich blind, taub und dumm stellen? Wenn ich doch immer schon hinter die Kulisse sehe?

Larissa, 32

Man ist mit 32 nicht mehr das annähernd weiße Blatt Papier, das man mit 14 war. Wenn man sich das erste Mal verliebt, dann reicht es aus, dass der andere ungefähr das passende Geschlecht, eine interessante Frisur oder bemerkenswerte Schuhe hat. Hört er auch noch den gleichen, von britischen Musikjournalisten erfundenen Trendsound, dann ist er sogar die große Liebe.

Es war eine tolle Zeit, als Liebe noch so leicht war, dass sie überall hinflattern konnte. Verliebtheit gehörte dazu wie Kaugummiblasen und Chartmusik. Aber genau wie Kaugummiblasen und Chartmusik macht diese Art der Liebe nicht mehr satt, wir sind nicht mehr ein annähernd weißes Blatt Papier, wir sind Radierungen und Stiche, wir sind Kunstwerke oder Kitsch, ein wenig verloren in unserer Einzigartigkeit.

Aus dieser Verlorenheit wächst Angst. Und Angst verführt dazu, Dinge vom Ende her zu betrachten. Was sehen Sie hinter den Kulissen? Das Ende vom Lied, eine letzte Verbeugung, die Garderobe, das Abschminken? Was haben Sie durch Mann drei denn tatsächlich über Mann sieben gelernt? Dass Männer, die lange vor dem Spiegel stehen, irgendwann fremdgehen? Dass die, die ihr Haustier unregelmäßig füttern, später die Kinder verhungern lassen?

Nicht alles, was eine schwarze Katze ist, ist ein Omen. Der Glaube, immer alles schon zu wissen, ist naiv.

Umgekehrt ist die Naivität, die Sie vermissen, vielleicht ja gerade, was dorthin geführt hat, wo man heute steht. Denn wenn Naivität das ist, was man braucht für Liebe – warum hat diese Naivität dann nicht in dauerhafte Beziehungen geführt?

Tatsächlich ist der Zustand, in dem Sie sich jetzt befinden, genau der richtige. Aus Ihrer Erfahrung, Ihrem Vorausschauen kann eben, wenn sie sich nicht mit Angst paaren, eine souveräne Entscheidung wachsen, die nicht mehr mit der flipperkugelhaften Willkür der Jugend zu tun hat.

Es entscheiden nicht mehr britische Musikjournalisten über Ihre Liebe, sondern Sie.

IMMER BESSERE LIEBE: DER NÄCHSTE IST MIR IMMER LIEBER ALS DER AKTUELLE

Ich habe jetzt schon mehrmals, wenn es darum ging, eine Beziehung zu vertiefen, einen Rückzieher gemacht, weil ich dachte, es ginge noch besser. Und tatsächlich war auch jeder besser als der davor. Aber besser als der Nächste?

Miriam, 24

Ich bin eigentlich der Überzeugung, dass eine stabile Beziehung durch andere nicht gefährdet ist, aber die Wissenschaft sieht das anders.

In dem Aufsatz »Spousal Alternatives and Marital Dissolution« (Partneralternativen und Scheidung) kommen die Soziologen Scott J. South und Kim M. Lloyd zu dem Schluss, dass sich Ehen am ehesten dort lösen, wo es für beide Partner eine Vielzahl an Alternativen gibt. Schon wenn am Arbeitsplatz beide Geschlechter vertreten sind, kommt es bei den Arbeitnehmern zu mehr Scheidungen. Unter Kraftfahrern, Installateuren und KFZ-Mechatronikern etwa gibt es einen Männeranteil von 95 Prozent, in Pflegeberufen sind 79 Prozent der Auszubildenden Frauen. Heiratet also eine Altenpflegerin einen Installateur, haben beide ein geringeres Scheidungsrisiko als Arbeitnehmer aus einem weniger geschlechtsspezifischen Beruf.

Mir schrieb vor einigen Wochen ein Mann, er habe

eine bessere Frau kennengelernt. Sie sei nahezu perfekt, er fragte sich jedoch, ob es vertretbar sei, eine intakte Beziehung zu beenden. »Und besteht dabei vielleicht die Gefahr, wenn man den Mercedes jetzt für den Porsche aufgibt, dass man dann auch irgendwann auf einen Maserati schielen würde und niemals tatsächlich zu hundert Prozent in Sachen Partnerschaft ›ankommt‹?«, so der Mann.

Ich antwortete ihm: »Selbst wenn Sie sich sagen würden: ›Das passiert mir vielleicht immer wieder‹, so wüssten Sie jetzt doch, wie es ist, mit jemandem zusammen zu sein, der nicht etwa besser ist (diese Kategorien sind wohl immer falsch), der aber besser zu Ihnen passt oder doch etwas in Ihnen auslöst, das das, was Sie mit Ihrer Noch-Freundin fühlen, übertrifft. Wenn es denn passt, dann passt es auch so gut, dass man nicht immer weiter nach Neuem schielt.«

Er kam jedoch in einer weiteren Mail zu einem anderen Ergebnis: »Da die Gefühle (…) ziemlich gleich verteilt sind, würde die neue Frau dieses Kriterium, dass es dann uneingeschränkt passt, ja auch nicht erfüllen. Ich komme immer mehr zu dem Schluss, dass es ›perfekt‹ in der Liebe nur in Hollywood gibt und fünfzig Prozent plus x mit einer bewährten Partnerin schon sehr viel wert sind.«

Er wolle jetzt lernen, mit dem glücklich zu sein, was er habe, das sei ja auch eine ganze Menge.

Nun liegt es mir auf der Zunge zu sagen: Sehen Sie, eine stabile Partnerschaft kann durch andere nicht gefährdet werden. Aber irgendwas ist doch hässlich daran. Suchen Sie ruhig nach dem Besten. Es ist die wichtigste Entscheidung im Leben.

SINGLELIEBE: WÄRE ICH NICHT BESSER ALLEIN?

Ich frage mich manchmal, ob ich nicht lieber allein wäre. Nicht häufiger, sondern wirklich dauerhaft. Dann könnte ich, glaube ich, auf eine Art ich selbst sein, wie es mir in einer Beziehung nicht möglich ist.

Sebastian, 33

In David Levithans »Das Wörterbuch der Liebenden« schreibt der Ich-Erzähler unter dem Begriff »gesund«, dass er manchmal, wenn er allein sei, diese Augenblicke erlebe, in denen er denkt: »Das ist es.« Er brauche nur die Möglichkeit, zu tun und lassen, was immer er will, er sei er selbst und gut so. »Beziehungen sind ein soziales Konstrukt, niemand muss unbedingt eine eingehen. Vielleicht bin ich ohne besser.«

Ich saß auf dem Klo, als ich diese Stelle gelesen habe, und ich legte ein Stück Klopapier als Lesezeichen zwischen die Seiten. Meine Frau war weg und ich bröselte vor mich hin in meiner eigenen Welt, machte mir ab und an Notizen, spielte etwas Wii, las einige Bücher parallel und dachte: »Ja, vielleicht hat er recht.« Ich dachte es und wusste, dass er unrecht hat. Es ist wunderbar, allein zu sein, wenn man genau weiß, dass man einige Stunden später nicht mehr allein sein wird.

Es muss sich keiner dringend die Hände waschen, während man auf dem Klo sitzt, man kann genau die schreckliche Musikmischung auf YouTube hören, die man nur selbst erträgt, man kann das Telefon klingeln lassen und wird von niemandem aufgefordert dranzugehen, man kann langweilig sein und einfallslos oder aus jeder Idee sofort etwas machen. Kein Mensch ist eine Insel, heißt es, aber tatsächlich kann man eine wunderschöne Insel sein, mit tollem Strand, Palmen und einer Menge Meer rundherum. Man steigt aus dem Ozean empor und taucht irgendwann, vielleicht fünfzig, vielleicht siebzig oder neunzig Jahre später wieder in die Fluten ein, hat niemanden beeinflusst, niemanden geprägt, hat keine Spuren hinterlassen. Man war ganz unbemerkt ein Teil vom Ganzen. Geht bestimmt auch.

Das Alleinsein ist Zuflucht und Falle zugleich. Der Wunsch nach dem Alleinsein entsteht gerade dadurch, dass man unter Menschen seine Bedürfnisse nicht so befriedigt findet wie im Alleinsein. Ich kann alles ganz genau so haben, wie ich es will, wenn ich allein bin. Aber das ist bloß (und im besten Fall) Spaß. Niemals Glück. Glück ist in unserem Gehirn so verschraubt, dass es erst freigesetzt wird im Miteinander. Sie können sich überfressen an Schokolade, an all dem Fun, den man allein haben kann, aber Sie können sich nicht überlieben.

MAMIHLAPINATAPAI-LIEBE: ICH KANN MÄDCHEN NICHT ANSPRECHEN

Immer wieder sagt man mir, ich solle einfach häufiger weggehen, dann würde ich auch ein Mädchen kennenlernen. Aber aus Erfahrung weiß ich, dass ich sowieso niemals ein Mädchen ansprechen würde, weil ich zu viel Angst habe vor einem Korb.

Felix, 19

Jeder wird von Ängsten begleitet. Diese Ängste können ganz unterschiedlich sein, was für den einen ein ständiger Schrecken, ist für den anderen überhaupt nicht wahrnehmbar als Problem. Aber wie verschieden die Ängste auch sein mögen, jeder hat sie.

Der eine hat Angst davor, dass er im Alter ohne Versorgung dasteht, der andere vor Spinnen. Man würde denken, die Angst vor dem Tod sei universell, aber ich habe genug Menschen kennengelernt, die keinen Gedanken daran verschwenden, sich stattdessen aber davor fürchten, vor mehr als drei Leuten zu reden.

Der Comedian Jerry Seinfeld hat angesichts des Umstands, dass Leute mehr Angst haben vor öffentlicher Rede als vor dem Tod, einmal darauf hingewiesen, dass die Besucher einer Beerdigung lieber mit dem Menschen im Sarg als mit dem Trauerredner tauschen würden.

Jeder von uns hat seine privaten Schreckensfantasien. Die Angst also begleitet uns. Und das ist in Ordnung. Was die Angst nicht darf: uns lähmen. Sobald man merkt, dass die Angst einen in seinem Alltag behindert, muss man sie überwinden.

Es ist objektiv seltsam, sich in einem sich mit rasender Geschwindigkeit bewegenden Hohlraum über dem Ozean zu bewegen, man sollte sich nur wegen des damit verbundenen mulmigen Gefühls nicht vom Fliegen abhalten lassen. Und darum geht es bei Ihnen. Sie wollen gerne, lassen sich aber von Ihrer Angst abhalten.

In der Sprache der Yámana, einem auf Feuerland lebenden Volk, gibt es das dem Guinnessbuch der Rekorde zufolge »prägnanteste Wort«. Mamihlapinatapai heißt es und bedeutet »das Austauschen eines Blickes zwischen zwei Personen, von denen jeder wünschte, der andere würde etwas initiieren, was beide begehren, aber keiner beginnen will«.

Kommt es im Rahmen einer Party zwischen zwei Menschen zu Mamihlapinatapai, dann folgt darauf häufig ein Fall von pluralistischer Ignoranz. Die beiden Psychologieprofessorinnen Rebecca K. Ratner und Jacquie D. Vorauer haben in ihrer Studie »Who' s Going to Make the First Move? Pluralistic Ignorance as an Impediment to Relationship Formation« (Wer macht den ersten Schritt? Pluralistische Ignoranz als Hindernis für die Bildung von Beziehungen) herausgefunden, dass Menschen, obwohl sie wissen, dass sie jemanden aus Unsicherheit nicht ansprechen, glauben, sie selbst würden nicht angesprochen, weil sie uninteressant seien. Es gibt Wörter für Ihre Angst und Studien darüber. Sie sind nicht allein. Bleiben Sie es also nicht.

NICHT SO KLARE LIEBE: ICH WEISS NIE, WAS DIE JUNGS VON MIR WOLLEN

Mich macht es wahnsinnig, dass neuerdings nichts mehr benannt werden muss. Lerne ich einen Jungen kennen und frage nach einiger Zeit, was das denn nun sei mit uns, dann höre ich immer öfter, man müsse dem doch keinen Namen geben. Immer müsse man alles in Schubladen stecken und ich solle mich mal locker machen und einfach genießen. Ich kann aber nicht einfach genießen, wenn ich nicht weiß, woran ich bin! Ich muss wissen: Bin ich Single? Bin ich in einer Beziehung? Lernen wir uns kennen mit Option auf eine Beziehung? Bin ich bloß eine lockere Geschichte für ihn?

Lara, 19

Ein Junggeselle ist ein erwachsener Mann, der noch nie verheiratet war. Wenn Sie jetzt von der Gastgeberin einer Party gebeten werden würden, einen Junggesellen mitzubringen, welchen der folgenden Männer würden Sie wählen?

Arthur lebt mit Alice seit fünf Jahren zusammen. Sie sind unverheiratet.

Bruce hat seine Freundin Barbara geheiratet, um dem Wehrdienst zu entgehen. Die beiden haben nie zusammengelebt, er hat andere Freundinnen und plant, die Ehe annullieren zu lassen, sobald er jemanden findet, den er heiraten kann.

David ist 17 Jahre alt, ist mit 13 von zu Hause abgehauen und heute ein erfolgreicher Jungunternehmer mit dem Lifestyle eines Playboys und einem eigenen Penthouse.

Faisal darf nach den Gesetzen seines Heimatlands Abu Dhabi drei Ehefrauen haben und hat erst zwei.

Gregory ist katholischer Bischof.

Der Computerwissenschaftler Terry Winograd hat mit diesen Alltagsbeispielen belegt, wie ungeheuer mehrdeutig Begriffe sein können, deren Bedeutung wir uns ganz sicher sind.

Kann man jemals genießen, wenn man nicht weiß, woran man ist? Wenn Sie in einem Restaurant sitzen, dann rechnen Sie damit, dass das Essen nicht Ihren Idealvorstellungen entsprechen könnte. Es könnte zerkocht sein oder kalt oder einfach nicht schmecken, ohne dass Sie sagen könnten, warum nicht. Trotzdem können Sie den Aufenthalt genießen, solange Sie noch nicht sicher wissen, dass das Essen tatsächlich nicht schmeckt. Vielleicht ist es sogar ein wunderbarer Abend, obwohl das Essen scheußlich schmeckt.

Hätte die Karte allerdings keine Preise – wäre man dann nicht so irritiert, dass der Abend wirklich nicht zu genießen wäre? Wenn die Gefahr bestünde, dass der Kellner einen Fantasiepreis aufruft, der einen ruiniert?

Ihre Bekannten haben nicht unrecht; es ist schwierig, taugliche Definitionen zu finden, Überraschungen gibt es sowieso. Umso mehr braucht man Gewissheiten da, wo man sie erwartet. Und die Frage, ob ich in einer Beziehung stecke oder nicht, muss beantwortbar sein. Was auch immer eine Beziehung ist.

LAHME LIEBE: MEINE FREUNDE NENNEN MICH »RUHIGE KUGEL«

Ich bin seit knapp vier Monaten mit meiner Freundin zusammen, es ist meine erste richtige. Ich liebe es, mit ihr Zeit zu verbringen, und sie scheint es auch zu mögen. Nur meine Freunde, die momentan alle Single sind, lästern über mich und machen Witze. Weil ich häufiger auf Einladungen hin sage, ich wolle lieber einen ruhigen Abend mit meiner Freundin verbringen, und weil ich durch die Beziehung ein paar Pfund zugelegt habe, nennen sie mich »Ruhige Kugel«. Das verletzt mich sehr, aber ich kann doch nicht Schluss machen, nur um meine Ruhe zu haben. Und ich habe auch keine Lust, gegen meinen Willen die ganze Nacht betrunken mit meinen Freunden zu feiern.

Julien, 18

Ich bin Mitglied einer Facebook-Gruppe namens »Wortspielhölle Berlin«. Dort wird über die BSR-Fahrzeuge, auf denen »Kehrpaket« steht, gespottet, über den Uhrenhändler, auf dessen Fensterscheibe »Uhranus« prangt, über den Papierbedarfsladen »Paper-la-papp«, den Swingerclub »SpürBar« und das Schuhgeschäft »an›geh‹nehm«, das zusätzlich zu dem Wortspiel auch noch mit Deppengänsefüßchen glänzt.

Hauptbetroffene der Wortspielsucht und damit beliebtestes Spottobjekt unserer Wortspielhöllen-Gruppe sind Friseure. »Haargenau«, »Haarakiri«, »Haareszeit«, »Haarlekin«, »Hairein«, »Haarcore« und »Kaiserschnitt« verbreiten Angst und Schrecken unter Sprache und Haaren. Welcher Pony, der auch nur halbwegs bei Sinnen ist, wollte sich unter die Schere eines »Haarcore«-Frisierers legen?

Nun ist es jedoch so: Wäre ich ein Meister der Haarschneidekunst, wie würde ich meinen Laden nennen? »Haarschneider Welding«? Das klingt, als könnte ich keine Locken wickeln. »Friseur Welding«? Doch etwas angestaubt. Will man sich dann auch noch mit der Benennung seines Ladens von der Konkurrenz etwas absetzen, ist man mittendrin in der Falle. Ein Friseur befindet sich also in der Situation, fast sicher für Gelächter zu sorgen. Er begeht, ob nun sehenden Auges oder blind, Haarakiri – um im Bild zu bleiben.

Ihnen geht es ähnlich. Als Teil eines Paares unter Singles ist man der Außenseiter. Man muss nicht einmal ein Haardcore-Beziehungsmensch sein, es reicht, dass man sich beim gemeinsamen Einkauf erwischen lässt oder versehentlich statt eines Sangria-Eimers eine Flasche Wein kauft. Schon gilt man als verzärtelt, domestiziert, als träge Hauskatze unter wendigen Beutejägern.

Doch sollten Sie diesen Spott nicht zu ernst nehmen. Die extreme Aufeinanderhockerei, die Sie und Ihre Freundin zurzeit betreiben, ist nur eine Phase – genau wie die Singlezeit Ihrer Freunde. Bald werden jene »Ruhige Kugeln« sein, während Sie gerne mal wieder einen trinken gehen würden. Dann können Sie spotten.

BUSENLIEBE: IHRE BRÜSTE SIND NICHT ECHT

Ich habe über ein Online-Dating-Portal vor einigen Wochen eine Frau kennengelernt. Nicht zuletzt bin ich auf sie aufmerksam geworden, weil sie in ihrem Profil ihre großen Brüste erwähnt und ich große Brüste mag. Ziemlich bald habe ich gefragt, ob ihre Brüste denn echt seien, weil sie wirklich bombastisch aussehen auf den Fotos und ich auf operierte Brüste überhaupt nicht stehe. Sie hat versichert, dass alles echt sei. Nach und nach habe ich mich ein bisschen in sie verschossen. Als wir uns nun letzte Woche getroffen haben, sind wir sofort im Bett gelandet, wo ich dann aber auch recht bald Zweifel an der Echtheit ihrer Brüste bekommen habe. Schließlich hat sie zugegeben, dass sie doch operiert ist. Ich finde diese Lüge als Basis einer Beziehung nicht nur per se völlig dämlich; ihre Attraktivität ist dadurch in meinen Augen auch deutlich geschmälert. Soll ich den Kontakt überhaupt noch weiter aufrechterhalten?

Enno, 33

Der mazedonischen Nachrichtenagentur *Mina* zufolge hat der Chinese Jian Feng sich von seiner Frau scheiden lassen und sie auf knapp 100000 Euro verklagt, weil sie heimlich hässlich war. Bis zur Geburt seines Babys hatte Jian Feng nichts gemerkt, das kleine Mädchen jedoch fand er so hässlich, dass es ihn gruselte. Da keine Ähnlichkeit zu ihm oder seiner Frau zu erkennen war, glaubte er, seine Frau habe ihn betrogen. Schließlich räumte sie ein, bevor sie ihn kannte, etwa 80 000 Euro für Schönheitsoperationen ausgegeben zu haben. Sie war das Werk südkoreanischer Chirurgen.

Wer hat hier wen getäuscht? Die Frau über ihre Identität oder der Mann über die Aufrichtigkeit seiner Liebe?

In jeder Schönheit liegt etwas Hässliches verborgen, das Alter und der Tod haben noch jede Grazie gefällt. Möchte man meinen. Vor einigen Wochen habe ich ein Bild gesehen, das die letzten Stunden eines Paars zeigt, das seit 78 Jahren verheiratet war. Er ist 94, sie 93, kurze Zeit später wird er sterben.

Was geschieht, wenn diese beiden sich anschauen? Vielleicht kann das nur ein Gedicht beantworten. Rilke schrieb:

O Lächeln, erstes Lächeln, unser Lächeln.
Wie war das Eines: Duft der Linden atmen,
Parkstille hören –, plötzlich in einander
aufschaun und staunen bis heran ans Lächeln.
In diesem Lächeln war Erinnerung
an einen Hasen, der da eben drüben
im Rasen spielte; dieses war die Kindheit
des Lächelns.

Wenn Sie sich jetzt schon daran stören, wie diese Frau aussieht, dann lassen Sie doch das Ganze bleiben. Aber Liebe lässt sich bei der Suche nach Brüsten schlecht finden. Wer nicht sucht, der findet. Ein Lächeln.

KEIMENDE LIEBE: WANN IST ES SO WEIT?

Woher weiß ich, wann es Liebe ist?

Maja, 23

Ich habe schon für eine einzige Sekunde geliebt, es kommt sogar vor, dass ich einen Gegenstand liebe: Als ich das erste Mal begriffen habe, warum Tizianrot Tizianrot heißt, stand ich vor dem Gemälde wie ein 15-Jähriger, der zum ersten Mal eine nackte Frau sieht.

Überhaupt Nacktheit: Lässt mich sehr zuverlässig Liebe spüren. Nacktheit ist einfach sehr rührend.

Ich habe gerade erst Liebe gefühlt, als ich ein Video gesehen habe, in dem der amerikanische Astrophysiker Neil deGrasse Tyson auf die Frage eines Lesers, was denn der erstaunlichste Fakt über das Universum sei, antwortete, dass die erstaunlichste Tatsache sei, dass wir aus den Elementen bestehen, die in sterbenden Sternen hervorgebracht worden sind. Wenn er nach oben schaue, dann fühle er sich nicht klein, weil das Universum groß sei – er fühle sich groß, weil die Atome dieser Sterne in ihm seien. »Das ist eine Ebene von Verbundenheit, und das ist es ja, was du im Leben willst, du willst dich verbunden fühlen, du möchtest dich relevant fühlen, du möchtest Teilnehmer sein an dem, was vorgeht. Und genau das bist du: Allein dadurch, dass du lebst.«

Aber lassen Sie mich Ihre Frage statt mit Astrophysik anhand von Botanik beantworten: Ein Apfelbaum bringt Tausende von Apfelkernen hervor, jeder Kern trägt Apfelbaum-DNS in sich. Jeder Kern steht für einen Blick, den wir jemandem zuwerfen. Die meisten Blicke, die allerallermeisten, werden nicht erwidert. Manchmal trauen wir uns, ein Lächeln hinterherzuschicken, aber das Lächeln wird oft nicht zurückgeschenkt. Und doch enthält es alle Bausätze für Liebe.

Manche Kerne gelangen niemals in die Erde, manche werden aufgepickt, manche landen auf Asphalt. Manche gehen auf und werden von spielenden Kindern ausgerupft, manche gehen einfach so ein, so wie manchmal aus dem Lächeln ein Kuss wird, aber kein Rückruf oder aus der Nacht kein Tag.

Manchmal gedeiht alles prächtig und dann kommt ein Sturm, der nicht einmal im Wetterbericht erwähnt wird, und fegt alles weg. Manche Kerne, eigentlich bloß eine Anzahl, die nicht der Rede wert ist, werden ein Apfelbaum. Ein Baum, der nährt. Man kann in ihm ein Baumhaus bauen. Wenn der Baum erst einmal dasteht, dann fragt sich niemand, ob er ein Baum ist.

Begutachten Sie sich nicht zu sehr. Apfelbäume sind manchmal bloß Sträucher, dabei heißen sie doch sogar Baum! Leben Sie, nehmen Sie teil und warten Sie ab. Sie werden es wissen.

BLOCKIERTE LIEBE: ER HAT MICH AUF FACEBOOK ENTFERNT

Ich habe vor zwei Jahren im Urlaub einen Franzosen kennengelernt. Zunächst habe ich den Kontakt einschlafen lassen. Im Februar dieses Jahres habe ich ihn dann ganz unverfänglich angeschrieben. Es stellte sich heraus, dass wir den Sommer wieder im selben Ort verbringen werden. Er fragte auch gleich, ob wir Sex haben werden. Er ist recht direkt, das könnte an seinem Drogenkonsum liegen.

Wir schreiben nun fast täglich per Whatsapp, teilweise sehr intim mit Fotos. Bei Facebook blockiert er mich allerdings. Mich stört, dass er oft tagelang nicht online ist. Ich weiß überhaupt nicht, was er möchte. Handelt es sich bei ihm nur um eine lockere Sexaffäre für den Sommer? Eine Fernbeziehung könnte ich mir vorstellen.

Ich würde auch gerne mit ihm schlafen und weiß über Verhütung Bescheid.

Leonie, 17

Es gibt Wissenschaftler, die erklären die Liebe zwischen Männern und Frauen folgendermaßen: Die Frauen haben im Falle einer Schwangerschaft ein hohes Investment, weshalb sie die Männer sorgfältig prüfen. Für sie sind körperliche Risiken damit verbunden, ein Kind zu bekommen, also hat nur der Mann eine Chance, der sich ins Zeug legt. In Religionsgemeinschaften gibt es deswegen dann am meisten Kinder, wenn die Regeln streng und schwer zu befolgen sind.

Wer nähme es schon auf sich, etwa die Nahrungsregeln orthodoxer Juden zu lernen, nur um dann seine Ehefrau mit einer Bardame zu betrügen? (Shalom Auslander beschreibt in »Eine Vorhaut klagt an« einen Segenwettbewerb. Wer den richtigen Segen für ein bestimmtes Gericht spricht, kommt eine Runde weiter. Bekommt Nudelauflauf den Segen für Speise aus der Erde? – nein, es ist der Segen für Weizen notwendig. Trivial ist das nicht. Und wer bei allen Göttern weiß schon, welcher Segen für Eiscreme in der Tüte gesprochen werden muss?)

Das Großartige an dieser Wissenschaft ist, dass man das Geschlechtsleben aller Wirbeltiere vom Rotkehlchen bis zum Buckelwal damit erklären kann. Leider jedoch nicht, warum Sie mit einem jungen Franzosen schlafen wollen, der Sie bei Facebook blockiert.

Natürlich kann man sagen, dass Ihre Investition nicht so groß ist wie die eines weiblichen Kaninchens, das in einem hundereichen Wald neun Kaninchenbabys durchbringen muss und das ganz schön angeschmiert ist, wenn der Vater der Kleinen den ganzen Tag nur rumhängt. Sie kennen sich mit Verhütung aus, aber Sie wissen nicht, dass man immer ungeschützten Geschlechtsverkehr hat. Ihr junges, dummes Herz steht da wie ein Kaninchenbaby in der Lichtung. Man kann nicht immer im Nest bleiben, bloß weil man verletzt wird. Aber man geht auch nicht dorthin, wo die größten Hunde wildern.

FERNLIEBE: ICH BIN AUS BERLIN UND LIEBE EINE FRAU AUS GÖTEBORG

Ich habe mich im Urlaub verliebt in eine Frau aus Göteborg. Vielleicht ist »verliebt« ein zu großes Wort, aber es war schon etwas da, was ich sonst – ich möchte fast sagen noch nie – empfunden habe. Aber Berlin – Göteborg: Was soll daraus schon werden?

Gunnar, 36

Ja, was soll schon werden? Vielleicht geht es Ihnen ja wie dem User riskeverything, der auf reddit.com seine Geschichte erzählte.

Angestellte australischer Firmen haben, nachdem sie sieben Jahre für dieselbe Firma gearbeitet haben, Anspruch auf den Long service leave – sie dürfen für drei Monate in den Urlaub (was, zusammen mit Koalas und Pazifikstränden, zu den Dingen gehört, die Australien Deutschland voraushat). Diese Zeit nutzte riskeverything, um sich die Welt anzuschauen. Wie jeder vernünftige Tourist plante er, sich in London vor Big Ben fotografieren zu lassen.

Der Mann, den er bitten wollte, das Foto zu schießen, legte sich gerade in dem Moment, als er fragen wollte, ins Gras und machte ein Nickerchen, so bat er also den nächstbesten Touristen, eine Frau aus dem kanadischen Québec. Sie kamen ins Gespräch, und weil es auch ihr erster Tag in London war, zogen sie gemeinsam umher, verirrten sich und hatten eine gute Zeit. Sie verabredeten sich für den nächsten Tag an Big Ben und gegen jede Vernunft reisten sie die nächsten drei Monate im Zelt durch Europa.

Schließlich trennten sie sich, er ging zurück nach Australien, sie nach Kanada. Er bekam sie nicht aus dem Kopf, aber all seine Freunde sagten, das solle er jetzt mal schleunigst tun, schließlich gebe es keine Aussicht. Alle, die schon einmal eine Ferienliebe auf den Alltag ausgedehnt hatten, waren gescheitert. Außerdem solle er sich die schöne Erinnerung nicht verderben.

Ein Jahr später wurde bei ihm Krebs diagnostiziert. Der Arzt gab ihm noch ein Jahr. Der Tumor musste sofort entfernt werden, im Krankenhaus beschloss riskeverything, dass er um ihre Hand anhalten würde, sollte er überleben. Genau der übertrieben kitschige Kram eben, den man so denkt, wenn es um Leben und Tod geht. Er überlebte und machte sein Versprechen, das er sich selbst gegeben hatte, tatsächlich wahr, schickte eine Postkarte an die Adresse, die er noch hatte (und die längst nicht mehr aktuell war, ihr Nachmieter las allerdings den Text und dachte sich, dass die Karte wichtig sei).

Heute sind die beiden seit zehn Jahren zusammen. Vorne auf der Postkarte stand übrigens: Risk everything.

PARANOIDE LIEBE: ICH HABE ANGST, DASS MEIN FREUND MICH ÜBERWACHT

Ich habe eine super Beziehung, eine tolle Arbeit, bei der mein Freund häufig an der richtigen Stelle ist, gerade wenn ich jemanden brauche. Wenn mir droht, einen Termin zu verpassen, kommt er im genau richtigen Moment mit einem Kaffee und fährt mich mit seinem Wagen. Wenn ich sage, ich komme später, hat er immer Verständnis. Nun habe ich schon oft überlegt, woher er das weiß und denke inzwischen, vielleicht hat er mein iPhone geknackt und kann verfolgen, wo ich bin. Dinge, die vorher passten, weil wir eine mystische Verbindung haben, wären dann ganz anders begründet.

Bettina, 45

In Woody Allens Komödie »Everyone says I love you« verführt er in der Rolle von Joe Berlin, einem Schriftsteller, der glaubt, sich nie wieder verlieben zu können, die Kunsthistorikerin Von, gespielt von Julia Roberts, indem er sich von seiner Tochter mit Informationen über Von versorgen lässt. Joe und Von sitzen in Venedig an einem Kanal, er erzählt, wie sehr er die einfachen Dinge liebt. Etwa an einem romantischen Ort wie Bora Bora zu sitzen in einer sternenklaren Nacht, der Himmel so erleuchtet, dass man lesen kann. Sie glaubt, sie beide seien seelenverwandt. Joe fragt sie, ob etwas nicht in Ordnung sei, sie wirke, als würde sie gleich weinen. Sie sagt, alles sei ganz genau richtig. Weil wir uns nicht nur in einer Komödie befinden, sondern auch in einem Musical, fängt Von an zu singen: »Mein ganzes Leben lang habe ich auf dich gewartet.«

Vermutlich haben nicht viele Zuschauer bei dieser Szene gedacht: »Was für ein verdammter Stalker Woody Allen doch ist!« Und es ist auch davon auszugehen, dass die alten Griechen sich nicht an den Täuschungen ihres Gottes Zeus gestört haben, der sich mal in einen Stier verwandelte, mal in einen Adler, um an seine Liebe zu gelangen. Aber bei Zeus wird deutlich, dass Täuschung nicht Ausdruck von Liebe, sondern von Macht ist. Weshalb sie in der Komödie auch funktioniert. Der schüchterne Intellektuelle gleicht seine Schwächen aus, es ist eine David-gegen-Goliath-Geschichte, aber auch eine nicht mehr zeitgemäße, in der der Mann erobert und die Frau sich verschanzt.

Sie hätten also, um es kurz zu machen, völlig recht, empört zu sein. Allerdings haben Sie mit hoher Wahrscheinlichkeit einen an der Waffel. Ich meine das unmedizinisch.

Es gibt so etwas wie eine Fähigkeit zum Glücklichsein. Auch in der wunderbarsten Situation scheint einem nicht einfach so die Sonne aus dem Hintern. Man muss das Glück reflektieren, weshalb man eben in einem schönen Hotel sagt: »Ach, ist das schön hier.« Ach, haben Sie es gut. Aber Glück kann auch unheimlich sein, zu gut, um wahr zu sein, seine Flüchtigkeit macht Angst. Weshalb man sich wappnet mit Misstrauen. Lassen Sie das. Singen Sie lieber. »Mein ganzes Leben …«

UNSICHERE LIEBE: IST ER DER RICHTIGE?

Ich bin mit meinem Freund seit einem halben Jahr zusammen, aber ich bin nicht sicher, ob er der Richtige ist. Wie kann ich sicher sein?

Martha, 22

Die Gefühle sollten einem sagen, für wen man sich zu entscheiden hat, aber manchmal sagen Gefühle ja nichts. Also hat die Mathematik für die Frage, welcher Partner der fürs Leben ist, eine Formel ersonnen.

Das aus der Spieltheorie stammende Heiratsproblem stellt sich folgendermaßen dar: Hat man einen potenziellen Partner abgelehnt, dann kann man, falls man später feststellt, dass er der beste gewesen wäre, nicht wieder zurück.

Man ist also an seine Entscheidung gebunden. Es könnte aber immer sein, dass der nächste Partner der beste ist. Wie kann man also wissen, ob das Risiko höher ist, einen guten abzulehnen als einen besseren gar nicht erst kennenzulernen?

Der Mathematiker Franz Thomas Bruss schlägt vor, die Anzahl der potenziellen Partner durch die Eulersche Zahl zu teilen. Gehen wir davon aus, dass man im Laufe der Jahre hundert Partner kennenlernt, dann teilt man also hundert durch 2,7.

Das Ergebnis ist 37. Den Nächsten, der besser ist

als der Beste dieser 37, nimmt man. Damit steigt die Chance, dass man den besten Partner gefunden hat, auf anderweitig nicht erreichbare 37 Prozent. Besser kann man nicht fahren, zumindest in der Theorie.

Diese Vorgehensweise ist natürlich nicht besonders praktikabel. Wer würde schon seine ersten 37 potenziellen Partner ziehen lassen, bloß weil er einer Formel folgt?

Die Formel ist allerdings aus einem anderen Grund interessant. Wenn man sich mit ihr beschäftigt, muss man sich nämlich über die Zahl seiner potenziellen Partner Gedanken machen. Generell wird die Zahl gerne mit Erdbevölkerung geteilt durch zwei angegeben. Dann müsste man, nachdem man ungefähr 1,3 Milliarden Partner (3,5 Milliarden geteilt durch 2,7) hat vorüberziehen lassen, nach dem nächsten besten Ausschau halten. Nimmt man aber die Backus-Formel zur Hand, die sich der junge Ökonom Peter Backus in Abwandlung der Drake-Gleichung (mit der man errechnet, wie wahrscheinlich es ist, dass die Menschheit im Zeitraum X auf eine kommunikationsfähige außerirdische Lebensform stößt) ausgedacht hat, um sich zu erklären, warum er keine Freundin hat, dann landet man je nach körperlicher Attraktivität und Wahllosigkeit bei einer niedrigen zweistelligen Zahl. Teilt man diese dann durch 2,7, hat man die Antwort. Der statistisch gesehen richtige Zeitpunkt zur Entscheidung ist also: Früher als Sie denken, aber nicht ganz so früh, wie Sie befürchten.

TROUBADIXLIEBE: MEIN FREUND WIRD MICH AUF UNSERER HOCHZEIT BLAMIEREN

Mein Freund will auf unserer Hochzeit ein selbst komponiertes Lied vortragen. Nun ist er Bankkaufmann und singt leider auch wie einer. Von seinen kompositorischen Fähigkeiten ganz zu schweigen. Ich habe Angst vor dieser Peinlichkeit und möchte unsere Ehe nicht so beginnen.

Magdalena, 29

Am 17. November 1978 lief auf dem amerikanischen Fernsehsender *CBS* ein Programm, das bis heute in den USA als das grauenhafteste Fernsehereignis aller Zeiten gilt: das »Star Wars Holiday Special«, eine Krieg-der-Sterne-Sondersendung. Ein Jahr zuvor hatte der Film »Krieg der Sterne« Triumphe gefeiert, hier nun wurden die beliebten Figuren, von ihren Fans kultisch verehrt, in absurden Hintergrundgeschichten durch Musicalauftritte gejagt; das Ergebnis ist ein surreal anmutendes Desaster.

Für jeden Menschen, der irgendwann die Entscheidung getroffen hat, sich auf die Liebe einzulassen, gibt es einen Tiefpunkt in seiner Liebesbiografie, ein persönliches »Star Wars Holiday Special«. Da ist der geliebte Mensch auf einmal in einer anderen Umgebung, sagt Dinge, die er sonst nie sagen würde, agiert, als habe eine

Schulklasse von Marionettenspielern seine Fäden in der Hand und fängt vielleicht sogar plötzlich an zu singen.

Es gilt für jeden: Wenn der Mensch, dem Sie versprochen haben, ihn immer zu lieben, Sie bislang noch nie blamiert hat, dann glauben Sie mir, es wird geschehen. Sollten Sie eine solche Situation noch nie erlebt haben, etwa weil Sie zu jung sind oder Mönch, erinnern Sie sich daran, wie Ihnen Ihre Eltern als Kind plötzlich peinlich waren. Gerade noch haben Sie angefangen zu weinen, wenn Sie vom Schoß mussten, und im nächsten Moment verbieten diese Monster einem vor allen Freunden, nach Mitternacht Drogen in einem ungeheizten Abbruchhaus zu konsumieren.

Die Hölle sind die anderen, sagte Sartre, vergaß aber zu spezifizieren, dass die höllischsten Momente die sind, wenn einem die Nächsten als andere erscheinen.

Nun ist das Erstaunliche, dass das »Star Wars Holiday Special« in all seiner Grauenhaftigkeit dem weiteren Erfolg von »Krieg der Sterne« nicht den geringsten Abbruch getan hat. Große Liebe scheint noch die fürchterlichste Blamage vergeben zu können. Allerdings ist es erstens auch Ihre Hochzeit und zweitens haben Sie auch so etwas wie eine Verantwortung, Ihren Mann vor einer Blamage zu schützen. Wenn Sie ihm bisher immer vorgetäuscht haben, dass Sie seinen Gesang lieben, dann wird es schwer, ansonsten sagen Sie, dass Sie lieber verzichten würden.

CASTINGLIEBE:
WIE OFT SOLL ICH ES NOCH VERSUCHEN?

Ich habe mittlerweile schon so viele Beziehungen hinter mir, dass ich das Gefühl bekomme, das wird nichts mehr. Vielleicht bin ich schon längst zu verkorkst durch das ganze Hin und Her. Wenn es mit Prinz A, mit Prinz B und Prinz C nicht klappt, wie sind da die Chancen, dass es mit Prinz D oder gar E funktioniert?

Vivi, 29

Ein holpriges Auswahlverfahren muss wirklich kein schlechtes Omen sein. Ende der Achtzigerjahre hatte der Regisseur Garry Marshall ein Drehbuch, das er unbedingt mit Mary Steenburgen verfilmen wollte. Es klappte nicht, aus unbekannten Gründen. Meg Ryan wollte den Film nicht drehen, Michelle Pfeiffer mochte den Ton des Drehbuchs nicht, Daryl Hannah fand, die Rolle setze Frauen herab, Valeria Golini lehnte ab, weil sie einen italienischen Akzent hat und ihn nicht als passend empfand, Jennifer Jason Leigh fand das Buch sexistisch. Karen Allen und Molly Ringwald lehnten ebenfalls ab. Winona Ryder war für Marshall deutlich zu jung. Schließlich bekam eine gerade mal vier Jahre ältere Frau die Rolle, die zwar schon einen Oscar für eine Nebenrolle erhalten hatte, aber eigentlich zu unbekannt war, um die Hauptrolle in einem großen Disney-Film zu drehen. Die Frau war Julia Roberts, der Film

»Pretty Woman«. Für den männlichen Part war der Superman-Darsteller Christopher Reeve vorgesehen, als der nicht wollte, versuchte man es beim Casting mit Al Pacino.

»Pretty Woman« mit Molly Ringwald und Superman? Kann sein, dass wir es völlig in Ordnung fänden, vielleicht wäre der Film, der so einer der größten Blockbuster aller Zeiten war, ein fürchterlicher Flop geworden. Traumpaarungen finden nicht in der Theorie statt, sondern ausschließlich in der Praxis. Wir haben uns dermaßen an Castingprozesse gewöhnt, bei denen über Monate daran rumgeschraubt wird, aus einer Masse den einen Menschen herauszuklauben, der perfekt für die Rolle geeignet ist, dass wir diese einfache Tatsache zu vergessen drohen.

Natürlich sind Sie der kleinste gemeinsame Nenner all Ihrer gescheiterten Beziehungen, andererseits: Was wäre die Alternative zum Scheitern? Den Supertreffer erzielen in einem Alter, in dem man von noch gar nichts Ahnung hat? Das kommt vor (Harry Truman hat sich in seine spätere Frau Bess mit sechs Jahren verliebt), aber es hat auch eine seltsame Note (Harry Truman hat sich in seine spätere Frau Bess mit sechs Jahren verliebt!).

Bleibt das Rumprobieren, das Basteln. Es kommt eben darauf an, dass das Basteln selbst Spaß macht.

WASCHLAPPENLIEBE: MÄNNER SIND HEUTE ALLESAMT WEICHEIER

Ich bin spontan, verrückt, chaotisch, humorvoll – und einsam. Es kommt mir so vor, als ob es einen Knall gab und alle tollen Männer sind weg. Denn es gibt nur noch Weicheier, Luschen, Memmen und Waschlappen.

Jetzt weiß ich, warum Frauen lesbisch werden: Männer haben einfach keinen Arsch mehr in der Hose! Warum spricht ein Mann eine Frau nicht einfach an, wenn sie ihm gefällt?

Mary, 25

Wenn Sie am Samstagmorgen die *Berliner Zeitung* aufschlagen würden und läsen dort von einem Mann, der sich selbst als ganz zauberhaft beschreibt, nur leider seien eben alle Frauen Schlampen, und er beneide schwule Männer, weil sie sich nicht mit Frauen rumplagen müssten – würden Sie tatsächlich glauben, dass das Problem im Kern darin besteht, dass alle Frauen auf dem Planeten mit einem Schlag beziehungsuntauglich geworden sind? Oder würden Sie nicht eher denken, dass Sie es mit einem Vollidioten zu tun haben, um den Frauen völlig zu Recht einen großen Bogen machen?

Bestimmt steckt hinter dem Unsinn, den Sie schreiben, irgendeine Erfahrung, die Sie irgendwann einmal gemacht haben, aber Sie tun sich selbst keinen Gefallen, wenn Sie sich hinter einer Bullshitwand verschanzen.

Manchmal geht man weg und es gibt dort tatsächlich niemanden, dem man gefällt, und es muss sich nicht zwangsläufig um die Tombola des Vereins der Kriegsblinden handeln. In manchen Milieus kommt man eben nicht an. Nicht jeder, der einen nicht anspricht, ist feige.

Und was ist mit Ihrem Mut? Sie könnten ja ebenfalls den ersten Schritt machen, Sie sind doch spontan, verrückt, chaotisch und humorvoll, da sollte das kein Problem sein.

Mit Ihrem Ausbruch befinden Sie sich übrigens in bester Gesellschaft. Josef Joffe, Herausgeber der *ZEIT*, befand: »Die Weibchen der Postmoderne weisen männliche, die Männchen überhaupt keine deutlichen Geschlechtsmerkmale mehr auf«. Aber zu jeder steilen These findet sich jemand, der widerspricht. Der Verhaltensforscher Irenäus Eibl-Eibesfeldt glaubt nicht, dass Männer verweiblichen. Zu deutlich entwickelten sie immer noch kollektive Aggression. Man denke nur ans Fußballstadion. Vielleicht finden Sie da ja jemanden, der hart genug ist.

Sie sind einsam, da darf man wütend sein, kein Problem. Aber Sie reden wie jemand, der eine Bronchitis hat und klagt, die Luft sei heutzutage so furchtbar dünn und sauerstoffarm. Das Problem liegt im Zweifel immer eher an einem selbst als an der ganzen restlichen Welt, es sei denn, man ist Jesus Christus oder Galileo Galilei. Bewegen SIE sich doch!

SCHMERZHAFTE LIEBE II: ICH BIN ENTWÜRDIGT WORDEN

Ich bin von meiner Exfreundin so verletzt worden (sie ist mir fremdgegangen und im Rahmen einer Reihe von recht entwürdigenden Begebenheiten habe ich dann auch noch gelesen, was sie dem anderen über mich geschrieben hat), dass ich mich nicht mehr traue, mich zu verlieben. Wenn ich seitdem eine Frau kennenlerne, versuche ich immer, möglichst keine Gefühle zu entwickeln oder Initiative zu ergreifen. Ist das nicht eigentlich ganz vernünftig?

Manuel, 22

Der Schmidt Sting Pain Index gibt an, welche Insektenstiche welche Art von Schmerz verursachen. Blut- und Furchenbienen bringen es gerade mal auf einen einzigen Punkt auf der Schmerzskala, ihr Stich wird als »fast fruchtig« beschrieben, worunter ich mir nun leider gar nichts vorstellen kann: »Tut das weh?« – »Beinahe Erdbeer.«

Der Index geht weiter über Knotenameisen, Kurzkopfwespen und Ernteameisen zum Tarantulafalken, einer bis zu 51 Millimeter großen Wespe, die Vogelspinnen jagt, damit ihre Larven sich vom Leib der Spinne nähren können, und deren Stich Menschen zufolge, die es ausprobiert haben, einen unerträglichen Schmerz auslöst, der nur noch eine Tätigkeit erlaubt: schreien. Mentale Disziplin helfe in dieser Art von Situation nicht, so die Gestochenen.

Nun steht allerdings der Tarantulafalke nicht am Ende der Schmerzskala. Über ihm thront als Weltmeisterin der Qual die 24-Stunden-Ameise. Die hat ihren Namen daher, dass der durch ihren Stich verursachte Schmerz, man ahnt es: 24 Stunden anhält.

Wie dieser Eintagsschmerz sich anfühlt? Der Schmidt Sting Pain Index sagt:

»Reiner, intensiver, strahlender Schmerz. Als ob man über glühende Kohlen läuft und dabei einen sieben Zentimeter langen, rostigen Nagel in der Ferse stecken hat.«

Die Liebe ist härter. Wenn sie zuschlägt, dann geht es einem wie einer Eintagsfliege, die von einer 24-Stunden-Ameise gestochen wurde. Ein Leben als Qual. Nicht einmal Schokolade schmeckt noch. Sich von ihr fernzuhalten ist ein naheliegender Gedanke. Man ist nicht immer gewappnet, nicht immer tapfer, nicht immer leidensfähig. Und doch ist das Leben eben wie ein Herzschlag, der aus Schlag und Nicht-Schlag besteht, das Auf und Ab ist nicht etwa eine Nebenwirkung des Lebens, es ist sein Wesen. Ist alles gleichförmig, ist man tot. Was nicht bedeutet, dass die Schwere der Verletzung zwangsläufig ist. Mit 24-Stunden-Ameisen hat man nur selten zu tun, eher doch mit Honigbienen. Deren Stich schmerzt laut Index wie ein Streichholz, das auf der Haut abbrennt. Das muss man ertragen, wenn man Honig will.

STARKE LIEBE:
ICH BIN UNABHÄNGIG UND DAMIT GEFÄHRLICH

Es scheint, als ob die Stärke und Unabhängigkeit der Frauen durchaus reizvoll für die Männerwelt ist. Des Öfteren sind jedoch genau das die Gründe, warum die Beziehungen nicht zu funktionieren scheinen. Männer treten in eine Art Wettbewerb mit der Gefährtin und erkennen ihr damit jegliche Art der Weiblichkeit ab. Auf einer Seite mysteriös, unabhängig, aufregend – auf der anderen zu gefährlich, um das Gefühl der Sicherheit zu vermitteln. Bleiben starke Frauen aufgrund Ihrer Stärke auf der Strecke?

Flor, 23

Wenn zwei Menschen sich begegnen, dann ist es etwas Außergewöhnliches, wenn sie sich tatsächlich näher kennenlernen. Man begegnet Tag für Tag Dutzenden, wenn nicht Hunderten von Menschen, ohne ihnen auch nur in die Augen zu schauen. Einen Menschen kennenzulernen, das ist also eine große Kostbarkeit. Von all den Menschen begegnen wir alle paar Tage jemandem, mit dem man überhaupt reden kann. Aber um wie viel seltener ist es, dass aus dem Reden wirkliche Zuneigung wächst? Und wie klein ist die Wahrscheinlichkeit, dass die Zuneigung anhält, sich vertieft und zu Liebe wird? Und erst wie selten, dass diese Liebe bestehen bleibt?

Wenn man also glaubt, eine Eigenschaft zu haben,

die andere erst anzieht und dann abstößt, dann ist es sehr wahrscheinlich, dass man in Wahrheit nur erlebt, was alle erleben: Dauerhafte Nähe herzustellen ist ein schwieriges Unterfangen.

Schwieriges Unterfangen gar nicht einmal in dem Sinne, dass es besonderer Meisterschaft bedarf: Man benötigt in erster Linie mehr Glück als Verstand. Denn all das, was man später in der gemeinsamen Liebe benötigt, das, was man nach Jahren noch lieben kann – das sieht man am Anfang ja noch gar nicht.

Was nun die Stärke angeht: Nun ja, da müsste man zunächst einmal definieren, was Stärke überhaupt bedeutet. Unabhängigkeit nennen Sie, aber unabhängig wovon? Finanziell unabhängig? Emotional? So unabhängig, dass Sie dem Partner das Gefühl vermitteln, beliebig zu sein?

Wenn Sie es so empfinden, dass Sie dem Freund keine Sicherheit geben, dann ist das keine Stärke, sondern Schwäche. Zu Stärke gehört Beständigkeit, Stärke in der Liebe bedeutet ein freiwilliges Sich-abhängigmachen. Nicht, weil man sich nicht alleine versorgen könnte oder die Zeit alleine nicht rumkriegen würde, sondern weil man sich entschieden hat, dass die Welt zu zweit ein besserer Ort ist.

Stärke ist ein großartiger Wert, den Männer wie Frauen gleichsam im Partner schätzen. Wenn man ihn nicht in einer Frauenzeitschriften-, Männermagazin-Weise versteht, also so, als sei nur der stark, der auf alle anderen pfeift. Diese Art von Stärke, diese »Ich will so bleiben, wie ich bin«-Stärke, die führt tatsächlich in die Isolation.

INITIATIVLIEBE: KANN ICH ALS FRAU DEN ERSTEN SCHRITT MACHEN?

Wollen Männer angesprochen werden? Freunde erzählen mir dazu sehr Widersprüchliches: Die einen würden jubeln, wenn eine Frau sie von sich aus ansprechen würde, die anderen finden es sehr abschreckend und meinen, der Mann müsse entscheiden, und um die Frau, die ihm gefällt, werben. Eine werbende Frau sei für sie uninteressant, da sie ja schon wolle.

Ist das nicht schade? Und haarsträubend zugleich? Ich werbe bei Gelegenheit extrem gerne, was soll ich glauben?

Jana, 31

Männer gelten ja allgemein als die etwas simpler gestrickte Menschenvariante, aber ganz so simpel sind sie dann doch nicht. Manche mögen es, manche mögen es nicht. Es ist wie bei Frauen eben auch sehr davon abhängig, wer da was von einem will. Eine Freundin von mir geht am liebsten auf Schwulenpartys, weil sie dort nicht angesprochen wird – wollen vielleicht also gerade Frauen am Ende lieber nicht, dass Männer den ersten Schritt machen? So leicht lässt sich allerdings gar nicht definieren, was der erste Schritt genau ist.

Der Soziologe Karl Lenz schreibt in »Frauen und Männer. Zur Geschlechtstypik persönlicher Beziehungen«: »Die wichtigsten Werbesignale sind das Lächeln und Blicke.« Ist nun das Werbesignal die Initiative oder erst das Ansprechen? Wie wäre es beispielsweise bei Annoncen? Analog zur Werbeanzeige ist die Annonce eine Invitatio ad offerendum, also die Aufforderung zur Abgabe eines Angebots. Macht der, der die Annonce aufgibt, den ersten Schritt oder der, der antwortet?

Wenn Sie auf die Männer zustürmen, sie von hinten anstupsen und ehe auch nur ein Blick ausgetauscht wurde, sagen: »Dich würde ich gerne kennenlernen«, dann muss ich wieder Lenz zitieren: »Die Offenheit auszuloten ist notwendig, da jemand anzusprechen ein Eindringen in ein fremdes Territorium ist und von daher als Form der Belästigung aufgefasst werden kann.«

Früher waren die Regeln übrigens klarer, aber das Lieben nicht leichter. Lenz legt dar, dass bis ins 20. Jahrhundert hinein der Mann bei den Eltern um die Hand der Tochter anhalten musste. Die Eheschließung war gesetzlich an die Zustimmung des Vaters gebunden. Diese reichte allerdings nicht. Selbst damals musste die junge Frau selber zustimmen. Spätestens in den Fünfzigerjahren war diese Vorgehensweise nicht mehr zeitgemäß, der Mann wandte sich direkt an die Frau. Von da an lockerte es sich gerade durch die Berufstätigkeit der Frau immer mehr, sodass heute – spätestens seit den Neunzigerjahren – kreuz und quer kennengelernt werden kann.

Das Anfragen ist also nicht mehr das Problem. Schwierig bleibt es, mit der Antwort zurechtzukommen.

UNPASSENDE LIEBE:
WER IST SCHON WIE ICH?

Wie kann ich eigentlich ernsthaft jemanden finden, der zu mir passt? Ich bin eine Künstlerin aus Südfrankreich, schaue aber gern »Bauer sucht Frau«, bin ebenso gerne von Zeit zu Zeit betrunken, mag aber keine Leute, die »Bauer sucht Frau« schauen oder betrunken sind. Ich habe wahnsinnig gern Sex, aber nur selten gefällt mir jemand, weil: siehe oben – wer ist schon wie ich?

Esmeralda, 37

Das dem Epos »Der Pate« zugrunde liegende gleichnamige Buch hat eine Nebenhandlung, die es aus nachvollziehbaren Gründen nicht in den Film geschafft hat. Die Hauptrolle in dieser Nebenhandlung spielt nämlich der Penis von Sonny Corleone, dem ältesten Sohn des Paten. Dieser Penis ist gewaltig, so gewaltig, dass es unerfreulich für seine Frau ist. Seine Geliebte Lucy Mancini jedoch kann nur durch ihn befriedigt werden, weil sie, wie sich später herausstellt, schlaffe Vaginalmuskeln hat. Buchstäblicher haben wohl selten ein Mann und eine Frau zueinandergepasst.

Ansonsten passen Leute nicht zusammen. Natürlich versteht man sich mit dem einen leichtgängiger als mit dem anderen, aber zusammenpassen wie zwei Legosteine, das tut eigentlich kaum mal jemand. Stellen Sie sich vor, ein Fußballnationalspieler wäre schwul. Was der erlebt zwischen rauschhaften Siegen und vor aller Öffentlichkeit auszuhaltenden Niederlagen, das kann doch eigentlich nur ein anderer Fußballnationalspieler nachvollziehen. Gäbe es also einen anderen schwulen Nationalspieler, müsste dann nicht der die verloren gegangene Hälfte sein?

Und denkt man nicht automatisch, wenn man die Geschichte aus dem Paten und von dem Fußballer hört, dass zur Liebe doch ein bisschen mehr gehören müsste als Geschlechtsteiladäquanz und berufliche Qualifikation? Eben! Liebe braucht noch mehr!

Wie kommt es dann jemals zu Liebe? Wenn man jemanden finden muss, der es in Ordnung findet, dass man wahnsinnig komische Geräusche beim Naseputzen macht? Den es nicht stört, dass die Toilette, wenn man drauf war, ein Notstandsgebiet ist? Der den viel zu kleinen Penis mag, die schlaffe Vagina, bei der man nichts fühlt?

Das funktioniert, weil ein Trick an uns vollzogen wird. Wir begegnen einander nämlich in geistiger Umnachtung. Wir überbetonen Gemeinsamkeiten: Huch, Sie haben auch Haare auf dem Kopf, das ist ja ein Irrsinn, ich auch! Wir fliegen aufeinander zu und sind wochenlang bereit zu glauben, wir hätten jemanden gefunden, der wirklich: genau passt.

Dabei passt gar nichts, außer eben vielleicht … Aber das weiß man erst viel später.

LIEBESENTZUG:
ICH BIN UNGLÜCKLICH VERLIEBT IN MEINE CHEFIN

Vor fünf Monaten habe ich mich heftig in meine neue Chefin verliebt. Sie erwidert meine Gefühle nicht. Wir müssen uns arbeitsbedingt täglich sehen und miteinander reden. Ich finde keinen Abstand und leide an der Situation. Sollte ich zum Oberchef gehen und mir eine(n) neue(n) Chef(in) zuteilen lassen? Mit welcher Begründung? Mit der Wahrheit mache ich mich doch unmöglich. Ein Arbeitsplatzwechsel kommt nicht infrage.

Alexander, 37

»Amantes amentes«, sagte der Volksmund im alten Rom und nahm noch etwas in Auerochsfett gebratene Schweinskaldaunen mit Honig zu sich. Liebende sind Verrückte.

Da die alten Römer trotz ihrer Vorliebe für schweres Essen und noch schwerere Weine recht nüchterne Menschen waren, ist das Sprichwort durchaus nicht im Sinne eines possierlichen Hollywoodseufzers zu verstehen: »Crazy in Love« fand man höchst bedenklich.

Weil Römer also die Heilung von den Folgen der Liebe wichtig nahmen, sind sie bis heute hervorragende Ratgeber. Der britische Hypnotherapeut Donald Robertson hat Tipps für das Entlieben zusammengestellt, die römische Dichter vor 2000 Jahren gegeben haben. Da der wichtigste Rat, der Entliebungswilligen üblicherweise gegeben wird, die räumliche Trennung, in Ihrem Fall nicht möglich ist, konzentrieren wir uns auf die Alternativen, die Ovid und Lucretius gegeben haben: Ablenkung suchen in Freizeitaktivitäten und anderen Beziehungen, Vermeiden von Einsamkeit und Grübelei, Vermeiden von romantischen Büchern, Liedern oder Stücken (dabei wussten die alten Römer noch nicht einmal von Hugh Grant). Das sind die praktischen Möglichkeiten.

Nun zu den Meditations- und Visualisierungsübungen: Sinnieren Sie über die Fehler Ihrer Chefin. Stellen Sie sich ihre etwas zu kratzige Stimme vor und den dazugehörigen Morgenatem. Stellen Sie sich vor, dass Sie beim Orgasmus Geräusche macht wie eine ertrinkende Elefantendame (Okay: Das steht nicht exakt so bei Ovid, aber ungefähr). Vermeiden Sie emotionale Sprache selbst in Gedanken, beleuchten Sie die positiven Eigenschaften der Verehrten, bis sie negativ erscheinen. (»IMMER ist sie gut gelaunt, wie unfassbar oberflächlich!«) Verhalten Sie sich, als wären Sie schon drüber hinweg, die Empfindung folgt dem Spiel. Vergleichen Sie sie mit einer vollkommenen Frau und finden Sie sie aktiv zu dick, zu dünn, zu irgendwas. Auf jeden Fall: zu!

So weit die Römer. Zu streng sei seine Therapie nicht, so Ovid, denn sein Ziel sei es ja gerade, dass der Patient wieder Freuden empfinden kann.

Aber nicht gleich wieder verlieben, bitte. Schließlich sind Sie jetzt Herr Ihrer Gefühle.

UNERNSTE LIEBE: MEINE PARTNER WOLLEN NUR SPASS OHNE VERPFLICHTUNG

Seit drei Jahren bin ich nun Single. Mit meinem ersten und einzigen Freund machte ich damals Schluss: Zu viel Streit und immer weniger Liebe meinerseits gaben nach vier Jahren den Ausschlag. Seitdem bin ich auf verschiedenen Wegen verschiedenen Männern begegnet. Aber egal wie ich mich gebe, immer wird mir signalisiert: Spaß ohne Verpflichtung, ja. Ernsthaftes, nein. Auch als Single bin ich zufrieden (das Körperliche ist ja auch schon schön), doch fehlt mir trotzdem jemand, der morgens neben mir aufwacht und mir diese »lockere« Einstellung nicht zu verstehen gibt. Zu schnell bin ich offenbar angetan von dem aktuell Getroffenen und zu viel Emotion ist bei mir vorhanden. Was kann ich nur dagegen tun?

Svea, 23

Ich war genauso alt wie Sie, als mein Vater starb. Einige Monate zuvor war ich Single geworden und nun war ich alleiner als je zuvor, ich war morgens allein und abends, ich war allein, während ich meine immer unwohnlicher werdende Studentenbude vollmüllte, ich war an Freitagabenden allein, weil ich mich Trauerkloß meinen tanzenden Freunden nicht zumuten wollte, ich war an Samstagabenden allein, aus demselben Grund. Wahrscheinlich können Sie sich vorstellen, wie allein ich an Sonntagen war.

Vermutlich fing ich mit der Zeit auch an zu stinken,

in einem alleinen Leben ist Körperhygiene ja auch irgendwie sinnlos.

Mit der Zeit ließen sich zwei Erkenntnisse nicht leugnen: Alle anderen Menschen hatten jemanden an ihrer Seite. Und alle Beziehungen, die ich einmal hatte, waren ein Produkt des Zufalls. Einmal nach links abgebogen statt nach rechts, einmal gehustet statt gelächelt oder nach unten geschaut statt nach oben: eine Liebe weniger.

Kombinierte ich Erkenntnis eins mit Erkenntnis zwei, hieß das, dass ich immer allein sein würde. Mit diesem Gefühl des Fürimmeralleinseins ist man, nun ja – nicht allein.

Zwei Basisemotionen bilden die Liebe: der Wunsch zu lieben und der Wunsch, geliebt zu werden. Beide Wünsche machen es einem nicht ganz leicht, cool und gelassen an das Paarungsspiel heranzugehen, aber man muss auch sagen: Der, der schneller und mehr fühlt, liegt nicht richtiger als der, der abwartend ist. Versuchen Sie, etwas abzukühlen, und derweil das Alleinsein zu genießen.

Man darf nicht vergessen, wie viel Glück dazu gehört, glücklich zu werden. Und da Gott oder der Evolution bei der Einrichtung der Welt ein Fehler unterlaufen ist, kommt das Glück zum Glücklichen.

GEFÄHRLICHE LIEBE: DIESER MANN WIRD MIR WEHTUN

Ich habe vor einigen Wochen einen Mann kennengelernt. Ich finde ihn wahnsinnig anziehend und ich würde mich wahrscheinlich auch verlieben, wenn ich es zulassen würde, aber genau davor habe ich Angst. Denn er befindet sich in einer schwierigen Lebenssituation (Trennung von der Ex, psychische Probleme) und ist ein komplizierter Charakter, sodass ich Sorge habe, ob er eine feste Beziehung führen könnte. Das ist es aber, was ich mir wünsche – nur Sex, so ganz ohne Gefühle, das könnte ich wahrscheinlich nicht, weil ich ihn dafür zu toll finde. Aber ihn meiden kann ich auch nicht – was soll ich tun?

Emanuela, 29

Die Rede vom »Sex ohne Gefühle« ist Unsinn. Würde ich sagen »Ich esse ohne Gefühle« wäre das ebenso wenig richtig. Man ist immer man selbst mit seinem ganzen Empfindungsapparat. Was man natürlich meint, ist: »Ich habe Sex, ohne zu lieben«. Ob man das will, ist eine Frage des Geschmacks.

Ein Kind isst gern klar und eindeutig kategorisierbare Dinge. Süß oder salzig. Eis oder Chips. Die Welt des Kindes ist unterteilbar in lecker und bäh.

Um eine Peperoni essen zu können, muss man erlebt haben, dass Genuss verschiedene Dimensionen haben kann. Man beißt in die Peperoni hinein, es brennt, es schmerzt vielleicht sogar, man bekommt einen Moment lang keine Luft. Man gelangt auf einem Pfad zum Genuss, der einem Kind, das nur lecker und bäh kennt, verborgen bleiben muss.

Sex kann aufregend sein und eklig, langweilig und Abscheu erregend, bedrückend und lustvoll. Er kann einen dahin treiben, wo man sich nie sehen wollte, einen vor sich selbst zusammenzucken lassen. Sex verändert uns und diese Veränderung kann Angst machen. Sex zu genießen, das ist ein schwieriges Unterfangen.

Die Frage, die Sie für sich beantworten müssen, lautet: Kann ich etwas genießen, das mir vielleicht wehtun wird, Vergnügen an etwas haben, das nicht eindeutig positiv ist?

Es gibt Gefühle jenseits der Romantik, Glück jenseits des Happy Ends. Es gibt die Unendlichkeit des Moments, der als Erinnerung für immer bleibt.

Sie kennen den Witz von der Blondine, die eine Banane sieht und sagt: »Gleich falle ich hin.« Das ist die andere Seite der Medaille. Sie wissen mit großer Sicherheit, dass Sie bald weinen werden. Aber wenn Sie um alles in der Welt Tränen vermeiden wollen, dürfen Sie auch niemals einen kleinen Hund kaufen, weil der irgendwann stirbt.

Wer Peperoni essen will, muss hinnehmen, dass die Augen feucht werden. Ansonsten muss man sich in Schokolade verlieben.

WIE ES IST

UNPÜNKTLICHE LIEBE: DER ALTERSUNTERSCHIED ZU MEINER FREUNDIN IST ZU GROSS

Ich lebe zurzeit in Scheidung. Unabhängig davon habe ich die Bekanntschaft einer wunderbaren jungen Frau gemacht. Unser einziges, aber dafür riesengroßes Problem ist der Altersunterschied – sie ist 19 Jahre jünger als ich. Sie hätte natürlich gern Kinder, doch wenn die Kinder volljährig sind, bin ich über 70. Sie empfindet den Altersunterschied als Belastung, auch die Meinung der Umgebung ist ihr wichtig, und die fällt ja in solchen Fällen nicht immer freundlich aus. Gibt es Ihrer Meinung nach eine gangbare Lösung für ein solches Problem?

Leo, 54

Als Sohn eines Vaters, der mich etwa in Ihrem Alter gezeugt hat, bin ich da genau der richtige Ansprechpartner. In der Regel wird man von einem älteren Vater anders erzogen, milder, gelassener, großväterlicher eben. Und in der Regel wird man früher ohne Vater dastehen, machen wir uns nichts vor. Ich war 23, als mein Vater starb. Zufällig war er der beste Vater der Welt, was es nicht besser gemacht hat, aber: Es war eine Freude, selbst nur so kurz sein Sohn gewesen zu sein.

Im Jahr 2009 gab es in Berlin 420 Scheidungen von Partnern, deren Altersunterschied 16 oder mehr Jahre betrug. Mehr als sechs Mal so viele Scheidungen, nämlich 2724, gab es zwischen Paaren, deren Altersunterschied ein bis drei Jahre betrug.

Daraus könnten wir nun alles Mögliche lernen, zunächst einmal sehe ich da bloß: Es gibt andere Paare mit Ihrem Altersunterschied, Sie sind also keine Freaks. Und: Es scheint neben dem Alter auch noch andere Risikofaktoren für eine Trennung zu geben.

Gehen wir aber einfach mal davon aus, der Altersunterschied wäre ein Problem. Was sollte man denn daraus schließen? Dass Sie sich jetzt trennen sollten, weil irgendwann am Horizont die statistisch erwartbaren vier gleichzeitigen Krankheiten stehen (bereits jeder zweite 65-Jährige leidet an drei relevanten chronischen Krankheiten), die einen mit über siebzig plagen? Dann bräuchte man Kinder ja eigentlich gar nicht einzuschulen, wenn sie eh irgendwann wegen Alzheimer wieder alles vergessen.

Zukunft ist das, was wir nicht kennen, also braucht man sie nicht fürchten. Im Zweifel ist sie nett. Sie passiert auch nicht einfach, man ist dabei, wenn sie sich nähert. Bleiben Sie aufmerksam und seien Sie unbesorgt.

Das Tolle am Altersunterschied ist, dass er immer kleiner wird. Sind Sie erst einmal hundert Jahre alt und haben die Konstitution eines Richard von Weizsäckers, kann es sein, dass Sie Ihre 81 Jahre alte Gattin im Rollstuhl schieben müssen. Und heißt es nicht: Wer liebt, der schiebt?

UNPÜNKTLICHE LIEBE II: DER ALTERSUNTERSCHIED ZU MEINEM FREUND IST ZU GROSS

Mein Freund ist zwanzig Jahre jünger (28, fast genauso alt wie mein Sohn), hat bisher noch keine Kinder, während ich aus dem Alter heraus bin, in dem eine Schwangerschaft noch möglich wäre.

Vom Verstand her ist es mir, aber auch ihm, schon lange klar, dass diese Beziehung keine Zukunft hat, aber trotzdem ist es so schwer, einen Schlussstrich zu ziehen, da die Gefühle doch sehr stark sind. Allerdings könnte ich nie mit dem Gedanken leben, dass ich meinem Freund so viele wichtige Erfahrungen verbauen würde, die er unbedingt machen will und muss. Auch bin ich nicht selbstbewusst genug, die ständigen Vergleiche mit Jüngeren auszuhalten. Diese Vergleiche würde vermutlich im Moment nicht er anstellen, sondern meine Umwelt und vor allem auch ich selbst.

Wie können wir diese Beziehung möglichst schonend »zurückfahren«?

Sonja, 48

Ihr Freund mag so alt sein wie Ihr Sohn, aber dennoch sind Sie nicht seine Mutter. Und er ist mit 28 auch kein Baby mehr. Trotzdem denken Sie für ihn. Warum machen Sie das?

In einer Beziehung hat jeder einen Zuständigkeitsbereich, in dem er derjenige ist, der die Verantwortung trägt. Dieser Zuständigkeitsbereich heißt: Mein eigenes Glück.

Wäre meine Frau für mein Glück allein zuständig, hätte ich noch nie ein Fußballspiel gesehen, weil Fußballspiele mich fürchterlich aufregen. Bei der WM habe ich das Café beim Spiel gegen England verlassen, bei der EM bin ich beim Spiel gegen Portugal ins Nebenzimmer geflohen. Meine Nerven sind dünner als die einer Katze mit Katzenhaarallergie, Fußball ist auf keinen Fall gut für mich – aber nur ich kann die Dosis bestimmen. Im Glücksbergwerk des anderen kann man nur Hilfsarbeiter sein, nicht Manager.

Nun können Sie nicht mehr schwanger werden, da ist die Natur eine herzlose Schlampe. Wissen Sie, wer auch nicht mehr schwanger werden kann? Alle anderen Frauen über vierzig, fünfundvierzig. Dürfen die denn noch Freunde haben, oder dürfen sie nur noch mit sowieso schon sterilen Männern schlafen?

Und schließlich: Was die Umwelt denkt. Umwelt denkt nicht, Umwelt umgibt. Leute sehen irgendwas und urteilen, Leute fühlen nicht, Leute quatschen. Was glauben Sie, was ich gedacht habe, als Simone Rethel Johannes Heesters geheiratet hat? Das war 1992, ich ging noch zur Schule und Johannes Heesters war auch damals schon alt. Der ist überhaupt nicht gestern erst alt geworden, der ist schon fünfzig Jahre alt, der war schon alt, als ich noch ein Baby war. Aber irgendwas hat diese junge, attraktive Frau in ihm gesehen und was das ist: Das geht nur Simone Rethel etwas an.

Und jetzt fahren Sie Ihre Beziehung bitte mal schonend hoch.

VERDÄCHTIGE LIEBE: MEINE BESTE FREUNDIN HAT MEINEN MANN AUF EINEN KAFFEE ZU SICH EINGELADEN

K. ist meine beste Freundin. Wir sind schon zusammen zur Schule gegangen, und wenn wir uns sehen, ist sofort eine Vertrautheit da, die man mit keinem anderen teilen kann. Seit Kurzem ist unser Verhältnis jedoch getrübt, von meiner Seite her zumindest. Mein Mann hat mir erzählt, dass meine Freundin ihn auf einer Party ziemlich angemacht habe. Sie war wohl schon etwas betrunken, er hat sie nach Hause gefahren und sie hat ihn gefragt, ob er noch auf einen Kaffee mit nach oben kommen wolle. Der Klassiker. Mein Mann hat abgelehnt und mir am nächsten Morgen davon erzählt, allerdings mit dem Zusatz, ich solle ihr nicht sagen, dass er es mir gesagt hat. Ihr wäre es bestimmt unangenehm, wenn ich davon weiß. Seitdem bin ich immer verspannt, wenn ich meine Freundin sehe. Das Vertrauen ist weg.

Susanne, 32

Tastebuds.fm ist eine Singlebörse, die auf dem Prinzip basiert, dass Leute mit demselben Musikgeschmack auch gut zueinanderpassen müssten, wenn es um die Liebe geht. Nun hat Tastebuds eine Umfrage gemacht, in der es um den Zusammenhang zwischen Lieblingsband und sexueller Aufgeschlossenheit ging: Fans von Nirvana waren die, die am ehesten bereits nach dem ersten Date noch mit auf einen Kaffee nach oben gehen würden. Die von Coldplay eher nicht.

Was die Fans von Grunge und Kuschel-Rock gemeinsam haben: Sie alle deuten das nächtliche Kaffee-Angebot als kaum getarnte Aufforderung zum gemeinsamen Nacktsein.

Manchmal ist ein Kaffee jedoch bloß ein Kaffee. Und ist die Kaffee-Frage nicht nur ein Klassiker, wenn sie in einer Post-Date-Situation gestellt wird? Dürfte man niemals jemanden zu einem Kaffee einladen, mit dem man aus Gründen nicht geschlechtlich verkehren sollte? Passiert jedenfalls ist nichts, nicht mal ein versuchter Männerraub ist Ihrer Freundin nachzuweisen, denn ein Versuch liegt aus Sicht des Strafrechts erst vor, »wenn der Täter nach seiner Vorstellung von der Tat eine Ursachenkette in Gang setzt, die bei ungestörtem Fortgang ohne wesentliche Zwischenschritte ungehindert in die Tatbestandsverwirklichung einmünden würde«. Wenn Sie es nun genau wissen wollen, dann können Sie natürlich Ihre Freundin befragen. Das stelle ich mir vor wie in Asterix auf Korsika das Gespräch zwischen dem zornigen Korsen und dem unglücklichen Legionär: »Hast du meine Schwester angesehen?« »Natürlich nicht!« »Gefällt sie dir etwa nicht?« »Doch, doch!« »AHA!«

Kann man machen, aber wozu? Wichtig ist doch, dass Ihr Mann Coldplay-Fan ist.

KLEINE LIEBE: MEIN FREUND WARTET NOCH AUF DIE GROSSE LIEBE

Seit etwa einem halben Jahr treffe ich mich mit einem Mann. Ich liebe ihn sehr, er mich nur ein bisschen. Er sagt, ich wäre seine »kleine Liebe«, auf die große warte er noch. Unsere Geschichte ist also zeitlich begrenzt. Das tut mir weh, meine Vernunft sagt, dass ich gehen sollte – aber ich bekomme es nicht hin. Das liegt unter anderem daran, dass ich mit ihm den besten Sex meines Lebens habe.

Ich hatte schon eine Menge Männer, aber mit ihm ist es wirklich unglaublich. Ich fühle mich, was Sex betrifft, jetzt in meinem Alter in der Blüte meines Lebens, befreit, sicher und selbstbewusst. So war ich vor zwanzig Jahren, ach was, auch vor fünf Jahren noch nicht. Dass ich gehen muss, um nicht weiter von ihm verletzt zu werden, weil ich ja für ihn »nicht die Richtige« bin, ist mir schon klar, aber dieser wahnsinnig tolle Sex!

Bettina, 44

Sie sagen es selbst: Sie sind in der Blüte Ihres Lebens, selbstbewusst wie noch nie.

Was können Sie daraus schließen? Dass der Sex Ihnen gehört, er so gut ist, weil es Ihnen so gut geht. Wenn Sie jetzt dagegenhalten sollten, es sei umgekehrt, erlauben Sie mir einen Ausflug in die Welt der Logik.

Auf einer islamischen Seite habe ich gerade gelesen, die Frage, ob Huhn oder Ei zuerst da gewesen sei, ließe sich mithilfe des Korans leicht lösen: Gott habe zunächst den Hahn geschaffen, für ihn dann die Henne (Version für Christen: aus seiner Rippe) – die habe schließlich das Ei hervorgebracht. Der Evolutionstheoretiker John Brookfield dagegen hat vor vier Jahren das Problem zu einem anderen Ende gedacht: Ein erwachsenes Lebewesen kann nicht dergestalt mutieren, dass es zu einer neuen Art wird. Der Wandel muss im Ei vonstattengegangen sein.

Wo war ich? Ach so, ja: Auch bei Ihnen ist nicht die patriarchalische Erklärung (Supermann verschafft Hammerorgasmen), sondern die psychologisch-rationale die richtige. Ihr Sex ist deshalb gut, weil Sie mit sich mehr im Reinen sind, der Mann ist nur glücklicher Profiteur dieses Prozesses. Und vielleicht kennt er irgendwelche Tricks, das will ich nicht ausschließen.

Entgegen anderslautender Gerüchte, die von der Faltencremeindustrie in die Welt gesetzt worden sind, geht es einem gar nicht so selten mit dreißig besser als mit zwanzig, mit vierzig besser als mit dreißig. Natürlich gibt es Sexpartner, mit denen man besser harmoniert als mit anderen, aber Sie wissen nun, was Ihnen gefällt, und das können Sie auch von jedem anderen einfordern. Solange es Ihnen reicht, eine kleine Liebe zu sein, seien Sie das ruhig, aber halten Sie die Augen offen.

Es gibt immer noch größere. Lieben meine ich.

EHRLICHE LIEBE: MEINE FREUNDIN HAT ZU KLEINE BRÜSTE

Wenn mich meine Freundin zum tausendsten Mal fragt, ob ihre Brüste zu klein sind, darf ich dann endlich mal Ja sagen?

Olaf, 47

Nein. Mehr gibt es im Grunde nicht zu sagen, da ich aber eine Kolumne zu füllen habe, sage ich es Ihnen mit mehr Worten.

Was den Körper so anfällig für Unzufriedenheit macht, ist seine Messbarkeit. Kaum jemand wiegt seine Nase oder vermisst den Abstand seiner Augenbrauen, aber für den Körper gibt es Normbereiche, Idealmaße und Standardabweichungen. Der durchschnittliche Deutsche muss bloß eine BMI-Tabelle in die Hand nehmen und schon ist es vorbei mit dem guten Gefühl.

Auch Brüste haben messbare Größen. Es hat keinen Sinn (und es ist auch gar nicht notwendig), einer Frau mit Körbchengröße A weiszumachen, sie habe gigantische Brüste. Aber Ihre Freundin kann Doppel D mit sich herumschleppen und trotzdem denken, ihre Brüste seien zu klein. Da stellt sich die Frage: Zu klein für was eigentlich?

Wenn es darum geht, beim Lolo Ferrari-Lookalike-Contest mitzumachen, dann wird die Antwort hoffentlich lauten: Die sind viel, viel zu klein. Frau Ferrari ist schließlich den Anwälten ihres Mannes zufolge an ihren Silikonimplantaten erstickt. Was selbst für eine Todesursache außergewöhnlich traurig ist.

Aber es geht natürlich darum, dass Ihre Freundin denkt, sie würde Ihnen nicht oder nicht mehr gefallen. Wenn Sie sie darin der Ehrlichkeit halber bestätigen wollen, dann würde ich gern wissen, warum Sie mit ihr zusammen sind. Man muss nicht viel, aber seinen Partner schön finden, das muss man schon. Warum ist Ihre Freundin so unsicher? Haben Sie eine Bildersammlung auf dem Rechner voll mit Monsterbrüsten? Begehren Sie sie nicht? Was könnte umgekehrt dazu führen, dass Sie Ihre Freundin tausend Mal fragen, ob Ihr Penis zu klein ist? Da müsste es Ihnen schon ziemlich schlecht gehen, oder?

Irgendetwas ist mit Ihrer Freundin nicht in Ordnung, wenn sie so sehr an sich zweifelt. Und da Sie so gerne mit Ja antworten würden, liegt die Vermutung nah, dass Sie das Problem Ihrer Freundin sind. Selbst die winzigsten Brüste finden noch Ihre Anhänger, es gibt wenig Anlass, pauschal davon auszugehen, dass große Brüste beliebter sind als kleine. Schauen Sie sich nur Linda Evangelista, Kate Moss oder Naomi Campbell an: Würden Sie denen auch sagen: »Tut mir leid, Süße, aber deine Brüste – die gehen mal echt nicht?«

Frauen mit kleinen Brüsten haben übrigens im Schnitt ein zufriedeneres Körperbild als die mit großen Brüsten. Das hängt damit zusammen, dass Brüste, wenn sie groß sind, aus Fett bestehen und man das Fett nicht gezielt an die richtigen Stellen futtern kann. Daher sind die Frauen mit den kleinen Brüsten näher am dünnen Schönheitsideal und sind zwar unzufrieden mit ihren Brüsten, nicht aber mit Bauch, Beinen und Po. Der Körper ist halt ein richtig blöder Sack.

Astrid Lindgrens Karlsson vom Dach findet sich schön, grundgescheit und gerade richtig dick. Und ihm geht es gut.

Die Brüste Ihrer Freundin sind gerade richtig klein. Es gibt keine andere Antwort.

ZUNEHMENDE LIEBE: MEINE FREUNDIN WIEGT ACHT KILO MEHR ALS ZU BEGINN

Meine Freundin hat seit Beginn unserer Beziehung – die insgesamt bestens läuft – deutlich zugenommen, etwas sieben bis acht Kilo. Sie sieht keinen Bedarf etwas zu ändern und scheint nach der Devise zu verfahren »Glückliche Partnerschaft = Nie wieder Diät«. Für mich sind hingegen Sport und der Versuch, sich auch in der Partnerschaft in Form zu halten, sehr wichtig. Wenn ich das Thema anspreche, wird sie traurig und schweigt es dann tot. Auch mit sanftem Druck oder einem Anreiz-System stoße ich auf Granit. Muss ich akzeptieren, dass sie nie wieder ihre Figur von 2007 haben wird, oder welche Möglichkeiten sehen Sie noch?

Sven, 34

Es gibt die Theorie, dass man nicht erfolgreich abnehmen kann. Das mag erstaunen, ist das Mantra unserer Zeit doch die beliebige Formbarkeit der Körper und vor allem: You can get it, if you really want. Yes, you can. Just do it.

Aber was, wenn unsere altmodischen Körper Gewicht gut finden und sich immer wieder neu darauf justieren, das höhere Gewicht wiederherzustellen? Dann ist jede Bemühung vergeblich, dann führt das Hungern immer nur zu neuen Enttäuschungen.

Lassen Sie uns für einen Moment davon ausgehen, dass diese Theorie stimmt. Dass das neue Gewicht Ihrer

Freundin also unveränderlich ist. Dann bleibt, dass Sie sie nicht mehr schön finden.

Zu den schwierigsten Fragen der Liebe gehört: Was, wenn ich den anderen nicht mehr begehrenswert finde? Einerseits gehört zur Liebe zwingend dazu, alles am anderen zu lieben, also auch sein Fett, ihre Brustkrebsnarben, seine Glatze – aber was, wenn der eigene Körper nicht mehr auf den veränderten des anderen reagiert?

Der Veränderte weiß um sein Problem. Ihre Freundin reagiert traurig auf Ihre Anreize. Sie stehen vor ihr, sagen mit allem, was Sie tun: Du gefällst mir nicht, wie du bist, und sie ist traurig.

Das kommt mir nicht irrational vor. Liebe und Begehren entstehen nicht als reine Körperreaktion. Sie sind vielmehr Resultat des Umgangs miteinander. Man kann die Abweichungen des anderen sogar fetischisieren. Der Philosoph Slavoj Žižek sagte: »Liebe heißt, eine Person zu akzeptieren. (…) Du siehst Vollkommenheit in der Unvollkommenheit.«

Wenn man aber einmal weggeht vom reinen Gewichtsverlust, und sich mit der Frage nach dem Sport befasst, dann gilt: Am ehesten kann man den Partner verändern, indem man ein gutes Vorbild ist. Sport macht dauerhaft zufriedener als Rumhängen. Es ist also ganz leicht: Leben Sie Zufriedenheit vor, nicht Nörgelei.

NEUE LIEBE, ALTE LIEBE:
BEIDE HABEN ETWAS, DAS ICH BRAUCHE

Seit 17 Jahren lebe ich mit meiner Freundin zusammen, wir erziehen gemeinsam einen Sohn. Schon seit Jahren aber hat sie kaum noch Lust auf uns zu zweit.

Ich habe das oft beklagt, aber sie sagt, es sei eben bei ihr anders, sie liebe mich auch ohne diese Seite. Nun habe ich eine andere kennengelernt und mich heftig verliebt, wir haben eine heimliche Affäre.

Ich empfinde tiefe seelische Verbundenheit zu meiner Freundin. Zu meiner Geliebten fühle ich mich vor allem physisch unglaublich stark hingezogen. Aber ich glaube, sie könnte mich nie so verstehen wie meine Freundin.

Ich möchte meinem Kind keine Trennung zumuten, ich möchte meine Freundin nicht verlieren; ebenso wenig wie meine Geliebte, die mich ins Leben zurückgebracht hat.

Johanna, 42

Sie haben keine übertriebenen Wünsche, Sie brauchen bloß zu viele Leute, um diese Wünsche zu erfüllen. Alles wäre gut in Ihrem Leben, wenn Ihre Freundin so leidenschaftlich wäre wie Ihre Geliebte. Oder Ihre Geliebte so tief und verständnisvoll wie Ihre Freundin.

Aber selbst wenn Ihre Geliebte das wäre, bliebe ja noch Ihr Sohn, dem Sie eine Trennung seiner beiden Mütter nicht zumuten wollen. Ist es also an Ihnen, auf Leidenschaft zu verzichten, um Ihre Familie zu bewahren? Es ist doch im Ernst nicht einer allein dafür verantwortlich, dass eine Familie bestehen bleibt.

Sie erleben eine tiefe seelische Verbundenheit, aber die tiefe Seele Ihrer Freundin kann nicht verstehen, dass Sie verdorren und verwehen, weil Sie körperlich unsichtbar sind? Diese Trennung von Sex und Liebe, von Körper und Geist ergibt keinen Sinn. Sie leiden sichtbar, seit Jahren leben Sie ohne körperliche Zuwendung, aber Ihre Gespräche sind so – ja, so was? Verstehen heißt ja nicht: Ja, ja, ich höre dich. Verstehen heißt, ein Problem einer Lösung zuzuführen. Bisher heißt die Lösung: Verzichte du, ich liebe dich auch ohne Körper.

Menschen sind nicht die Summe ihrer Eigenschaften, eher sind sie ein Gedicht oder eine Erzählung. Etwas, dessen Wert sich nicht nach der Zahl der Wörter bestimmt, sondern nach dem Gefühl, das es hinterlässt. Sie werden nie durch das Aufzählen von Eigenschaften zu einer Entscheidung kommen.

Sie haben hier nicht mehr die Leidenschaft, dort noch nicht die Verbundenheit. Vergangenheit oder Zukunft? Es geht darum, beides miteinander zu versöhnen. Entweder Leidenschaft wiederzuentdecken, Vertrauen zu finden oder offen mit beiden das zu haben, was sie geben können. Indem Sie Verbundenheit für Offenheit nutzen und Leidenschaft für Wagemut.

SORRY LIEBE: MEINE FREUNDIN ENTSCHULDIGT SICH NICHT AUFRICHTIG

Meine Freundin und ich sind seit einigen Jahren ein glückliches Paar. Von Anfang an jedoch herrscht bei uns das Muster vor: Sie macht irgendetwas, über das ich mich tierisch aufrege. Sie entschuldigt sich, zeigt tiefe Reue, aber macht über kurz oder lang das Gleiche wieder. Ich möchte jetzt nicht klingen, als würde ich mich über die klassischen herumliegenden Socken aufregen, aber ich gebe zu, es sind eher Kleinigkeiten. Dennoch stören sie mich sehr, und wir haben oft Streit deswegen. Kann ich wirklich nicht erwarten, dass meine Freundin ihre Gewohnheiten ändert? Wenn sie es doch immer hoch und heilig verspricht? Oder muss ich mich damit abfinden, dass Menschen nicht zu verändern sind?

Niko, 32

Wenn Sie schon einmal mit einem Hund zu tun hatten, dann kennen Sie bestimmt das Szenario: Inmitten einer zerfetzten Zeitung, einem heruntergeworfenen Wurstglas und einem angenagten Kotelett sitzt ein satter, aber unglücklicher Hund, der zutiefst schuldbewusst seiner Bestrafung harrt.

Kürzlich habe ich irgendwo die Frage gelesen, warum Hunde, wenn sie danach doch so ungeheuer zerknirscht sind, überhaupt Dinge tun, von denen sie wissen, dass sie sie nicht dürfen. Die überzeugendste Antwort war: weil es besser sei, um Vergebung als um Erlaubnis zu fragen.

Der Schriftsteller Maximilian Buddenbohm legt Wert darauf, dass seine kleinen Söhne gutes Benehmen erlernen und war entsprechend entzückt, dass sein dreijähriger Sohn in einem gut gefüllten Bus in der Hamburger Innenstadt auf den Sitz krabbelte, sich hinstellte und laut verkündete: »Ich werde gleich richtig laut rülpsen, aber danach werde ich mich bei allen Erwachsenen hier entschuldigen!«

Nun sind Hunde und kleine Kinder charmanter als Politiker, jedoch haben alle drei Gruppen gemeinsam, dass es mit dem Entschuldigen nicht so weit her ist. Die Standardpolitikerentschuldigung lautet: »Sollte ich mit meiner Aussage (hier bitte eine beliebige beleidigte Bevölkerungsgruppe einsetzen) beleidigt haben, so bedauere ich dieses Missverständnis.«

Ein echtes Bitten um Verzeihung setzt zum einen voraus, verstanden zu haben, was man falsch gemacht hat, zum anderen das aufrichtige Versprechen, dies nicht wieder zu tun. Auch die Beichte in der katholischen Kirche ist ja nicht etwa als leichter Ausweg aus der Sünde gedacht, sondern als Einladung zur Umkehr.

Nun ist es tatsächlich in der Regel so, dass man einen Menschen nicht zielgerichtet ändern kann. Aber wenigstens könnte Ihre Freundin die Entscheidung treffen, ob sie wirklich mit Kindern, Hunden und Politikern in einer Reihe stehen will.

ERSCHLICHENE LIEBE: MEIN MANN HAT MICH VOR DER HOCHZEIT BETROGEN

Kürzlich entdeckte ich Fotos, die beweisen, dass mein Mann vor unserer Hochzeit eine längere Liebschaft hatte. Damals traf er sich öfter mit einer jungen Ex-Kollegin, auf die ich sehr eifersüchtig war. Immer wieder beteuerte er, dass da nichts sei. Selbst als wir vor 19 Monaten heirateten, versicherte er mir, mich nicht betrogen zu haben! Notgedrungen gibt er inzwischen die Liaison zu. Ich frage mich, ob diese Ehe überhaupt gültig ist. Hat sich mein Mann die Ehe mit mir erschlichen? Sollten wir als Ehepaar zusammenbleiben, müssten wir dann nicht noch einmal heiraten? Ob ich dann allerdings noch mal Ja sage, ist sehr fraglich!

Caro, 40

Ich erinnere mich aus meinem Jurastudium an einen Fall, den wir in einer Vorlesung besprochen haben: Ein Einwanderer hatte vor der Einwanderungsbehörde verschwiegen, dass er in seinem Heimatland eine Haftstrafe verbüßt hatte. Unbescholtenheit war jedoch eine Voraussetzung für die Erlangung der Staatsbürgerschaft, Deutscher wurde er nur aufgrund der unrichtigen Angaben. Er war mittlerweile ein angesehener Bürger, saß im Gemeinderat und zahlte seine Steuern pünktlich. Wir gingen die einzelnen Vorschriften durch und kamen zu dem Ergebnis, dass der Mann seine Staatsbürgerschaft verlieren müsse. Unser Professor amüsierte sich sehr über uns, denn wir hatten die alten Römer vergessen. Die hatten nämlich den Rechtssatz »Dolo agit, qui petit, quod statim redditurus est« geprägt. »Arglistig handelt, wer fordert, was er sofort wieder zurückgeben muss.« Jemand, der zwanzig Jahre lang ein rechtschaffener Bürger ist, hat natürlich einen Anspruch darauf, eingebürgert zu werden. Formaljuristisch hätte die Behörde die Staatsbürgerschaft aufheben können, hätte den Mann jedoch sofort wieder einbürgern müssen.

Nun ist die Tücke an der Juristerei, dass kein Fall dem anderen gleicht: Ihr Mann hat sich noch nicht zwanzig Jahre als guter Ehemann erwiesen, sondern erst 19 Monate und er hat nicht ein einziges Mal gelogen, sondern immer und immer wieder. Wenn ich Sie richtig verstehe, dann hätten Sie ihn nicht geheiratet, wenn Sie von der Affäre gewusst hätten. Ich finde daher Ihren eigenen Ansatz richtig: Lassen Sie ihn noch einmal um Ihre Hand anhalten – meine Mutter hätte gesagt: mit allem Pipapo. Auf den Knien, mit Geiger am Tisch eines teuren Restaurants, mit Ring. Was Sie dann antworten, das sollten Sie Ihrem Bauch überlassen oder, wenn Sie so wollen, Ihrem Herzen.

EIFERSÜCHTIGE LIEBE:
WIE KANN ICH MEINER FREUNDIN VERTRAUEN?

Ich bin wahnsinnig eifersüchtig. Immer schon gewesen, ich kann da nicht aus meiner Haut. Aber mit meiner aktuellen Freundin wird es richtig zum Problem, weil sie dauernd allein oder mit Freundinnen unterwegs ist und es regelrecht darauf anlegt, mir die Eifersucht auszutreiben. Sie will mich erziehen, vielleicht will sie mich aber auch bloß austricksen. Woher soll ich denn wissen, was sie treibt, wenn ich nicht dabei bin?

Sven, 31

Die ganz grundsätzlichen Weisheiten findet man in Katzenhalterratgeberforen. In einem dieser Foren habe ich gelesen: »Es ist in Ordnung, wenn Katzen Fliegen jagen. Es ist bedenklich, wenn Katzen Fliegen jagen, wo keine Fliegen sind.«

Eine Freundin sagte einmal, wenn man eifersüchtig sei, wenn man merke, da läuft etwas hinter seinem Rücken, dann sei da auch etwas dran.

Das stimmt tatsächlich so. Es sei denn, man ist verrückt. Wie die Katze, die unterspielt ist und Geisterfliegen sieht.

In der fünften Klasse haben wir eine Geschichte von Wolfdietrich Schnurre mit dem Titel »Lieben heißt loslassen können« gelesen. Es ging, wenn ich mich recht erinnere, um ein Haustier oder aktive Sterbehilfe. Nein, wohl eher um ein Haustier. Aber die Botschaft war klar. Liebe ist wie ein Schmetterling und will frei sein, wenn er wieder freiwillig zurückkommt, dann blablabla …

Und so ist das Schlechte an der Eifersucht schon für Kinder offensichtlich. Kindisch, besitzergreifend, der Eifersüchtige ist ein Liebestöter.

Der amerikanische Evolutionspsychologe David M. Buss hat einen differenzierteren Ansatz. Zwar sei es möglich, dass Eifersucht eine unreife Emotion sei, ein Zeichen von Unsicherheit und Neurose. Und so seien Ehemänner und Ehefrauen in unserer evolutionären Vergangenheit gewiss in einem bestimmten Licht bewundernswert, wenn sie gegenüber Untreue stoisch blieben, doch, so Buss, die »nicht-eifersüchtigen Männer und Frauen sind nicht unsere Vorfahren, sind sie doch im evolutionären Staub zurückgelassen worden von Rivalen mit leidenschaftlicheren Empfindungen.«

Buss liegt vermutlich richtig, was Befruchtungserfolge angeht, das erquickliche Miteinander kann er dabei wohl nicht im Blick haben.

Sie sollen sich nicht schlecht fühlen, dass Sie eifersüchtig sind. Sie sollen es bloß nicht sein.

Worum es schließlich geht: Tun Sie sich mit Ihrem Verhalten einen Gefallen? Tun Sie nicht. Sie bekommen nichts verhindert, haben aber stattdessen jede Menge Ärger.

Wo Buss und Sie fehlgehen ist die Vorstellung, Eifersucht könne irgendetwas verhindern. Wer betrügen will, betrügt. Lehnen Sie sich zurück und glauben Sie. Und jagen Sie keine Fliegen, die nicht da sind. Das sieht albern aus, selbst bei Katzen.

GRUNDLOSE LIEBE: ICH WEISS NICHT, WARUM ICH MEINE FREUNDIN LIEBE

Ich liebe meine Freundin, daran habe ich eigentlich keinen Zweifel. Ich könnte nur nicht sagen, warum das so ist. Nun hat Liebe so weitreichende Konsequenzen – sollte man da nicht wissen, warum man liebt?

Alexander, 26

Ich habe Schwerkraft nie verstanden. Es ist nicht so, dass es mir in erster Linie ein Rätsel ist, wenn mir ein Brotmesser hinfällt. Ich rechne nie damit, es würde statt zu Boden zu fallen in die Luft steigen, aber wenn ich einem Kind erklären müsste, wie Schwerkraft funktioniert und warum genau größere Körper kleinere anziehen, dann würde ich sagen: Frag einen Erwachsenen, am besten einen mit einer Weste. Eine Weste trug nämlich mein erster Physiklehrer und nach ihm alle anderen ebenfalls, es ist mit den Westen und den Physiklehrern wie mit den Seitenscheiteln und den Juristen, aber ich schweife ab.

Jedenfalls ging ich durch mein Leben und dachte, ich hätte die Schwerkraft nicht verstanden, bis meine Frau mir eines Tages sagte, dass das, was ich daran nicht verstehen würde, niemand versteht. »Kein Mensch weiß, warum große Körper kleine anziehen«, sagte meine Frau, und ich neige dazu, ihr in solchen Fragen blind zu glauben, sie ist bei uns für die großen Dinge zuständig, ich, Sie werden es kaum glauben, verzettele mich von Zeit zu Zeit in Nebenabzweigungen. Schwerkraft also versteht man nicht, Schwerkraft nimmt man zur Kenntnis und rechnet mit ihr.

Man weiß übrigens auch erst seit 1971, wie Aspirin wirkt. »Die Wirkung (...) beruht auf einer irreversiblen Hemmung der Prostaglandin-H_2-Synthase, genauer der Cyclooxygenasen COX-1 und COX-2. Diese Enzyme katalysieren die Bildung von entzündungsverstärkenden Prostaglandinen«, heißt es einleuchtend in der Wikipedia. Bevor man das wusste, hat man Aspirin einfach so geschluckt. Und schon im alten Griechenland hat man den Saft der Weidenrinde, die Salicin enthält, das wiederum im Körper zu Salicylsäure wird, einem Grundstoff von Aspirin, verwendet, um Schmerzen zu bekämpfen.

»It matters not who you love, where you love, why you love, when you love or how you love, it matters only that you love«, sang John Lennon, der große Vereinfacher unter den Dichtern, nicht wen, wo, warum oder wann man liebt, nur dass man liebt, darauf komme es an. Weil er Dinge so auf den Punkt bringen konnte, konnte er es sich leisten, eine etwas verschrobene Konzeptkünstlerin zu lieben, während ich gezwungen bin, eine Frau zu lieben, die das, was man an Physik verstehen kann, versteht – warum genau, weiß ich auch nicht.

INDIANERLIEBE:
ICH HABE ANGST, SCHWACH ZU WIRKEN

Mein Freund ist einer, den ich als starken Mann bezeichnen würde. Zielorientiert, leistungsbewusst. Das ist schön, aber auch ein Problem. Denn ich möchte mit ihm zusammenziehen, doch ich traue mich nicht, das vorzuschlagen, weil ich nicht wirken möchte, als wäre ich abhängig von ihm. Sowieso habe ich den Eindruck, dass nur ich ihn brauche, nicht umgekehrt. Weshalb ich auch vermeide, schwach und klettig zu wirken.

Daniela, 36

Wenn man Anorektiker ist, also magersüchtig, und Unterstützung für seinen Kampf gegen die Kalorien sucht, findet man reichlich Bestärkung auf verschiedenen Blogs und Foren, die sich dem Ideal des ausgemergelten Körpers verschrieben haben. Dem Hunger nachzugeben bedeutet dort Schwäche.

Der Mensch kommt auf die Welt und braucht. Einen warmen Körper, auf dem er liegen kann, eine Brust, die ihn nährt, eine Hand, die seinen Kopf stützt. Und mögen sich die Bedürfnisse auch ändern, das Brauchen bleibt.

Geschichte, wie wir sie lesen, wird geschrieben von starken Männern, Helden, die über jede Schwäche erhaben sind.

Aber Lionel Messi brauchte Wachstumshormone,

er braucht die Pässe seiner Mitspieler und eine Atmosphäre, die ihm vertraut ist. Boris Becker brauchte einen Trainer, Michael Schumacher seine Ingenieure, Barack Obama eine Schar von Redenschreibern und Terminplanern. Und so unterschiedlich und technisch diese Bedürfnisse sein mögen, so steht doch über ihnen allen die alte Lukas-Podolski-Weisheit: »Doppelpass alleine? Vergiss es.«

So sehr ich es liebe, unabhängig und frei zu sein, so sehr brauche ich doch. Dieses Bedürfnis als Schwäche zu bezeichnen, ist die Denkweise eines Anorektikers. Das Gegenteil trifft zu: Stärke wächst daraus, seinen Bedürfnissen zu folgen. Es ist stark, um Hilfe zu bitten, wenn ich etwas nicht schaffe. Es ist stark, meinen Kopf in den Schoß des Partners zu legen und zu weinen, wenn ich das brauche. Schwach ist es, seine Bedürfnisse zu ignorieren.

Die nervtötendsten Fußballer sind die Dribbelkönige, die mit sich selbst den Doppelpass versuchen und den Ball verstolpern. Genau wie es die laut trommelnden Chefs sind, die mit Mitte fünfzig ausgebrannt im Krankenhaus liegen mit einer Standardkarte der Firma auf dem Nachttischchen.

Ein echter Held sagt: Winnetou, ich bin traurig, nimm mich mal in den Arm.

Ein Waschlappen rennt ins Gefecht und lässt sich tapfer totschießen.

Essen Sie, wenn Sie hungrig sind, lieben Sie, wenn Sie geliebt werden wollen, trauen Sie sich, jemanden zu brauchen. Sie sind ein Mensch, verdammt.

DIAMANTEN-LIEBE:
MEIN FREUND IST NICHT ROMANTISCH

Mein neuer Freund ist furchtbar unromantisch. Mal ein Abend in einem schicken Restaurant oder ein Kuschelwochenende – Fehlanzeige. Ich habe ihm schon gesagt, dass ich mich ohne Diamantring nicht verloben werde.

Steffi, 23

1870 wurden am Oranje in Südafrika riesige Diamantenvorkommen entdeckt. Der weltweite Markt drohte durch die gewaltigen Mengen zusammenzubrechen. Daher wurde ein Kartell gegründet, um das nun in Massen vorhandene Produkt rar zu halten. 1938 erlebte das Kartell während der amerikanischen Depression gewaltige Einbußen. Eine nie gesehene Werbekampagne wurde gestartet (A Diamond Is Forever – bei uns: Ein Diamant ist unvergänglich), um ein für allemal Diamanten mit Romantik zu verknüpfen – junge Männer, die Verlobungsringe kauften, waren nicht nur die verlässlichsten Kunden, der Diamant war damit auch vom Markt. Wer verkauft schon einen Verlobungsring?

Mein Vater war kein Konsument. Er ging niemals shoppen, er hatte sein ganzes Leben lang keine Frisur, er nahm keine Wellnessangebote in Anspruch. Genuss war für ihn eine Tätigkeit. Er genoss es zu arbeiten, am Zeichenbrett mit einer Rasierklinge Fehler auszumerzen, Holz hinzubiegen, Steine aufzuschichten. Er arbeitete sogar Tennis, er schwitzte sein Hemd durch, bis es tropfte, und hängte es als Trophäe über die Dusche, und wenn er nieste, dann bebte das ganze Haus.

Mein Vater war ein Bauchmensch und wie alle Bauchmenschen sehr nüchtern. Nur Kopfmenschen können schließlich Fanatiker sein, der Bauch erregt sich nur in Maßen und verzeiht sehr rasch.

Ich besitze ein schwarz-weißes Porträtfoto von ihm, er hält den Kopf leicht geneigt, seine Augen wirken dunkler, als ich sie in Erinnerung habe. Auf der Rückseite steht eine Notiz, die er an meine Mutter geschrieben hat, darüber das Datum.

»20.7.1971

Erinnere Dich, wenn Du das Bild betrachtest, an den Sommer und Herbst 1971. In Liebe, Dein Niels.«

Nicht etwa »an den Sommer«, nein: »an den Sommer UND Herbst«.

Mein Vater stellte in Aussicht, was noch kommen würde, ein Herbst, an den meine Mutter sich in einer Ewigkeit noch erinnern könnte.

Was mag geschehen sein, damals, drei Jahre vor meiner Geburt?

Was immer es war, es wirkt nach bis heute, in den Kindern, die sie gemeinsam aufgezogen haben, in ihren Enkeln.

Diese wenigen Worte, dieses vorsichtige Versprechen von Ewigkeit, sie sind mein Inbegriff von Romantik. Im Rahmen dessen, was man ist, so weit gehen, wie man kann.

Und dann einen Schritt weiter.

UNNATÜRLICHE LIEBE: DER MENSCH IST NICHT FÜR MONOGAMIE GEMACHT

Ich finde, Sie propagieren in Ihrer Kolumne zu sehr die Monogamie. Dabei ist Monogamie doch völlig unnatürlich!

Sieglinde, 54

Erstens propagiere ich nichts und zweitens propagiere ich Bindung, nicht Monogamie. Ich glaube, dass der Mensch Bindungen braucht. Ob er die nun zu einem Menschen oder zu einer Fußballmannschaft hat, ist mir gleichgültig, solange er mit der Fußballmannschaft wenigstens ab und an schläft und nicht nur Fan ist.

Was nun die Natürlichkeit angeht: Tatsächlich gehört es bei gar nicht so wenigen indigenen Völkern zum guten Ton, einem zufällig vorbeikommenden Fremden Zugang zu den sexuellen Reserven zu gewähren, besonders wenn er gut aussieht, einen Beutel mit Glasperlen oder einen Flummi hat. Gut: In gar nicht so wenigen Stämmen wird man, falls man als zufällig vorbeikommender Fremder den Damen zu intensiv auf den Lippenring schaut, auch schon einmal aufgeschlitzt und beim nächsten Dorffest als Hauptgang serviert. Also wird man die Frage nach der Natürlichkeit nicht beantwortet bekommen, wenn man abgelegen lebende Stämme anschaut. Auch bei denen waltet Kultur, nicht Natur.

Welche Tierart könnte man denn zum Vorbild nehmen, um die Natürlichkeit unseres Verhaltens zu überprüfen? Hund, Katze, Maus? Wenn man das Kind der neuen Partnerin totschlägt, wird man sich in den seltensten Fällen damit herausreden können, dass Löwen auch so handeln würden. (Männliche Löwen töten den Nachwuchs ihrer Konkurrenten, damit die Löwinnen schneller wieder paarungsbereit sind.)

Und Bonobos, unsere nächsten Verwandten? Die sind ein nettes Völkchen, bei denen es sexuell drunter und drüber geht. Orgasmen sind bei Bonobos friedenssichernde Maßnahmen, bevor man sich in die Haare kriegt, geht man sich lieber an die Genitalien. Sind wir so konzipiert? Könnte sein.

Sind wir denn so konzipiert, dass wir in Flugzeugen sitzen und Kaffee aus Plastikbechern trinken, dass wir Fußballspiele schauen und Fahnen schwenken und am Computer sitzen und Leserfragen beantworten? Klar, auch das. Alles, was der Mensch tun kann, kann er tun, weil es in seiner Natur liegt, er kann monogam sein oder polyamor, er kann sich mit Ochsenfröschen paaren oder mit Schafen. Alles ist natürlich, die Natur ist ein blinder, omnipotenter Narr mit lichten Momenten. Die Frage ist: Was ist wünschenswert.

Und die muss jeder, manchmal unter Schmerzen, für sich selbst beantworten. Die Natur schaut zu und schweigt, wie immer.

KINDERLIEBE: MEIN FREUND WILL KEIN BABY

Ich kenne meinen Freund seit 19 Jahren. Wir waren Kommilitonen und sind in der Zeit dicke Freunde geworden. Vor einem Jahr wurden wir ein Paar, wir hatten eine wunderschöne Zeit miteinander. Nun möchte ich eine Familie gründen und mit ihm ein Kind haben. Er will das nicht. Ich kann mit diesem »Nein« nicht umgehen. Darf ich versuchen, ihn dazu zu zwingen (wenn das geht)? Soll ich ihn verlassen? Soll ich versuchen, sein »Nein« zu akzeptieren und dabei nicht unterzugehen (wenn das geht)?

Yoyo, 37

Niemand kann von außen entscheiden, ob es schwerer ist, gegen seinen Willen ein Kind zu haben oder gegen seinen Willen auf ein Kind zu verzichten. Kann kein Konsens hergestellt werden, müssen Sie entscheiden, ob Ihnen ein Leben ohne Kinder sinnvoll erscheint.

Wenn es Ihr dringender Wunsch ist, Kinder zu bekommen, dann müssen Sie vor allem rasch eine Entscheidung fällen. Für welchen Weg auch immer Sie sich entscheiden: Lassen Sie sich nicht von der Zeit die Entscheidung abnehmen. Sie werden es vermutlich wissen: Die Wahrscheinlichkeit, schwanger zu werden, sinkt mit dem 35. Lebensjahr sprunghaft, das Risiko von Fehlgeburten steigt ebenso wie das von Krankheiten während der Schwangerschaft.

In dem Alter, in dem Sie beide sind, kann man auch nach einem Jahr weitreichende Entscheidungen treffen, zudem kennen Sie einander auch schon sehr lange – aber offenbar nicht gut genug.

Nachdem Sie wohl lange Zeit weggehört haben, wenn Ihr Freund durchblicken ließ, dass er keine Kinder will, müssen Sie nun auf deutliche Aussagen drängen und diese auch wahrnehmen. Klären Sie folgende Fragen und machen Sie deutlich, dass er nicht charmant sein soll, sondern ehrlich:

Möchte Ihr Freund generell keine Kinder?

Möchte er mit Ihnen keine Kinder?

Möchte er noch keine Kinder?

Möchte er nur mit Ihnen keine Kinder, dann ist die Sache klar: Sie müssen sich trennen, anderenfalls wird er es tun, wenn es vielleicht für Sie schon zu spät ist, mit einem anderen Mann Kinder zu bekommen.

Möchte er noch keine Kinder, kommt die oben erwähnte Problematik zum Tragen: Die Zeit drängt.

Ansonsten stellt sich die Folgefrage: Warum möchte er keine Kinder?

Vielleicht hat er Angst vor der Verantwortung? Möchte sich selbst verwirklichen? Fühlt sich nicht reif genug? Hat zu viel Stress im Beruf?

Diese Ängste kann man allesamt zerstreuen. Ein Kind fällt nicht einfach in ein Leben ein wie eine Barbarenhorde, auch wenn Eltern oft so aussehen, als sei ihnen das geschehen. Man hat neun Monate Zeit, in denen man lernt, mit seinen zahlreichen Ängsten umzugehen, man lernt, Verantwortung zu teilen und loszulassen, Prioritäten zu setzen und Hörschutzvorrichtungen zu kaufen.

BEINAHE GOLDENE LIEBE: WIR KOMMEN MIT DEM RENTNERDASEIN NICHT ZURECHT

Mein Mann und ich werden in drei Jahren die Goldene Hochzeit feiern. Wir waren beide berufstätig, haben zwei prächtige Kinder und auch die Enkelkinder haben wir häufig betreut. Nun haben wir wieder Zeit für uns. Rad- und Wandertouren unternehmen wir sehr häufig. Doch mein Mann ist immer der Leitwolf.

Auch im Haushalt macht mein Mann alles, weil er alles richtig und perfekt macht. Kritik verträgt er ganz und gar nicht. Ich werde immer dünnhäutiger und gestalte meine Freizeit, indem ich Sport treibe, lese und fotografiere.

Dies ist alles schön und gut, aber die Harmonie und die gegenseitige Anerkennung fehlen. Lange Phasen, während derer wir nebeneinander leben, werden immer häufiger.

Bin ich überspannt, dass ich meinen Mann nicht so perfekt sehe, wie er es gerne möchte?

Maria, 72

Sie sind das Idealbild des aktiven Senioren. Ein Magazin könnte eine Bilderstrecke mit Ihnen als Vorbildern machen. Trotzdem geht es so nicht. Woran liegt das?

Es gilt heute als die höchste Stufe der Selbstverwirklichung, dass man Dinge nur für sich macht. Dschungelcampbewohner essen Maden nicht wegen des Geldes, sondern als Selbsterfahrung, Bundespräsidenten schmeißen das Amt, weil ihnen nicht mehr danach ist.

Dabei ist Anerkennung lebenswichtig. Oscargewinner leben länger als ihre Mitnominierten. Sie und Ihr Mann versuchen, alle Anerkennung, die Sie zuvor von Kollegen, Kindern, Enkeln bekommen haben, nun voneinander zu bekommen. Schau, wie schön ich das Klo geputzt habe, schau, wie schön meine Fotos sind. Sie waren bewunderte Häuptlinge und sollen nun als namenlose Indianer gemeinsam wandern.

Das Problem des Alters kennen Arbeitslose und Kinder vermutlich ganz gut: Zeit wabert. Es ist, als spiele man das wahre Leben, alles ist Freizeit, und so bemüht man sich um eine Tätigkeitenstruktur, die nur notdürftig verbirgt, dass echte Struktur von außen kommen muss. Zeit funktioniert für die meisten Menschen nur als Korsett, nicht als loser Umhang.

Eine der wenigen Ausnahmen sind Künstler. Sie erheben sich in der Freiheit der Zeit, sie fürchten die Strukturlosigkeit nicht, sie sind dazu geboren, selbst Struktur zu geben.

Eine Möglichkeit ist, dass Sie beide von der Glückstechnik Höflichkeit Gebrauch machen: Einigen Sie sich darauf, Anerkennung zu zeigen. Wichtiger aber ist, den Geist des Künstlers zu erfahren: Versuchen Sie nicht, mittels Aktivitäten ein Arbeitsleben nachzustellen, das es nicht mehr gibt. Erleben Sie das Wabern der Zeit, lassen Sie Langeweile zu, lassen Sie sich inspirieren von der Ziellosigkeit. Nicht, um zu malen. Sondern um zu sein. Gemeinsam. In Ruhe. In Liebe.

Taugt das für Sie nicht, bleibt nur: Entkommen Sie der Hobbyhölle durch Arbeit. Ehrenamt, Minijob, Nachhilfe. Rente ist eine Möglichkeit, keine Pflicht.

TABUZONEN-LIEBE: WIR HABEN UNTERSCHIEDLICHE VORSTELLUNGEN VON PRIVATSPHÄRE

Ich habe vor Kurzem den Mailaccount meines Freunds geöffnet, weil ich Zugangsdaten nachschauen wollte. Da ich ihn nicht erreicht habe, hab ich es ohne seine Zustimmung getan.

Wir sind seit zwei Jahren zusammen, durch Raten habe ich schnell sein Passwort gefunden. Als ich es ihm erzählte, rastete er total aus: Nicht, dass er etwas zu verbergen habe, aber aus Prinzip müsse es gewisse Tabuzonen geben, Bereiche, die nur einem selbst gehören, zu denen der andere keinen Zutritt hat. Ich hingegen finde es komisch und verdächtig, dass er so einen Wert darauf legt. Es kann doch sogar ganz praktisch sein, wenn der andere die eigenen Passwörter kennt!

Doreen, 34

Woran denkst du gerade? Das ist vermutlich die privateste Frage, die es gibt.

Würde man seinem Chef, selbst wenn man ihn duzen dürfte, diese Frage stellen, würde er zu Recht mit der auch nicht völlig uninvasiven Frage nach der eigenen geistigen Gesundheit antworten.

Facebook, um einen beherzten Übergriff in die Privatsphäre seiner Nutzer nie verlegen, stellte die Woran-denkst-du-Frage 2009 in dem Feld, in das man seine Statusupdates hineinschreibt. Man fragte sich unwillkürlich, ob man gerade die Nacht mit einem sozialen

Netzwerk verbracht hatte. Es fühlte sich an, als würde Mark Zuckerberg neben einem liegen, einem mit Morgenatem eine Locke aus der Stirn pusten und mit zwei Fingern sanft über die Schultern fahrend fragen: Woran denkst du gerade?

In einer Beziehung allerdings ist diese Frage legitim, man darf sogar eine Antwort erwarten. Der Gefragte sollte etwas erwidern, darf aber, im Rahmen der Konvention, lügen. Sollte etwa die Wahrheit auf die Frage, gestellt direkt nach dem Geschlechtsverkehr, sein: »An den Steuerberater«, so gebietet die Höflichkeit die Lüge: »Daran, was du in der fünften Minute unserer sexuellen Vergnügung an meinem Geschlechtsorgan gemacht hast.«

Bankkonten, Mails, Safes, Badezimmer: Alles, was wir mit Passwörtern oder Schlüsseln schützen, lässt für das Rückzugsgebiet namens Lüge keinen Raum. Hier liegen die Fakten auf dem Tisch.

Es kann sehr uncharmant zu lesen sein, worüber sich die Frau am Hochzeitstag mit ihrer besten Freundin unterhält, die Testergebnisse vom Arzt für Geschlechtskrankheiten wirken schwarz auf weiß anders als zerknirscht bei einem Glas Wein vorgetragen.

Ich will gar nicht sagen, dass Sie unrecht haben. Man kann alles miteinander teilen. Aber dafür braucht es Übung. Gelassenheit, buddhamäßige Toleranz. Und keinesfalls ist totale Transparenz etwas, das man einfach einfordern kann wie eine Nackenmassage. Transparenz ist ein Geschenk.

BETROGENE LIEBE: KANN ICH MEINE BEZIEHUNG NOCH RETTEN?

Mein Freund hat mich betrogen. Er war allein verreist, als er zurückkam, war er anders, manchmal abwesend, manchmal so überschwänglich um mich bemüht, dass ich Verdacht schöpfte und einfach direkt fragte. Sie ist eine alte Schulfreundin, die er zufällig wiedergetroffen hat, sagt er. Nichts Ernstes, nur eine kurze Affäre, die nichts bedeute, er liebe nur mich, er wolle mich heiraten, mit mir Kinder haben. Ich habe versucht, ihm zu verzeihen, ich will mit ihm zusammenbleiben, aber ich kann nicht vergessen, was er mir angetan hat, es kommt vor, dass ich kühl und abweisend bin, was er wiederum nicht versteht. Ist unsere Beziehung noch zu retten?

Claudia, 29

Wenn man versehentlich mit einer Verspätung zu seinem Psychoanalytiker kommt und dieser sich daraufhin erkundigt, was denn los sei, wird man ihm schwerlich erklären können, die Verspätung habe nichts zu bedeuten.

Ihr Freund lebt offenbar in der Zeit vor der Erfindung des Unbewussten, als noch Geschlechtsverkehre möglich waren, die einfach so passierten, ohne Ursache, ohne Wirkung. Der Mann muss mal aufwachen! Er hat ja nicht versehentlich seinen Penis in eine nicht dafür vorgesehene Vorrichtung geschoben, er hat geflirtet, Komplimente gemacht, hat sich auf der Toilette noch einmal aufgefrischt, hat sich vorgetastet, und wenn mich nicht alle Vorstellungen über moderne Sexualakte täuschen, dann hat er vermutlich sogar beim Sex noch etwas Ermutigendes gesagt. Das wäre nur dann nichts Ernstes, wenn Ihr Freund zufällig aussieht wie Obelix und das Ganze in einer Zeichentrickwelt passiert ist.

Die Streitforschung weiß, dass es um ein Paar dann schlecht bestellt ist, wenn einer sich inbrünstig streitet und der andere bloß noch abwinkt. Für Ihren Freund ist gar nichts passiert, Ihnen ist das Herz herausgerissen worden, das ist kein kleiner Unterschied in der Wahrnehmung.

Die heutigen Beziehungen zugrunde liegende Idee, sozusagen die Beziehungsverfassung, ist die Verhandlungsmoral. Der fremdgehende Partner handelt nicht etwa unrecht, weil man das nicht macht, er könnte ganze Paraden von Geschlechtspartnern penetrieren, der Gesellschaft wäre das egal. Er handelt unrecht, weil er den mit Ihnen ausgehandelten Vertrag, der offenbar auf gegenseitiger Treue basiert, gebrochen hat.

Ihr Partner hat seinen Teil des Vertrags nicht beibehalten und Sie muffeln jetzt dagegen an. Das ist gerade mal die viertbeste Lösung. Sie können sich trennen, also vom Vertrag zurücktreten, sie können mindern, also verfügen, dass derjenige, der auswärtigen Beischlaf pflegt, auch keine Schultermassagen mehr bekommt, oder Sie können nachverhandeln.

Für letzteren Punkt, der vermutlich der erwachsenste Lösungsweg wäre, müssen Sie zweierlei beachten: Sie müssen sich kennen und Sie müssen Ihren Partner zu einer (für Sie unter Umständen brutalen) Ehrlichkeit ermuntern.

Es ist ja möglich, dass Sie bisher nur unter Schmerzen darauf verzichtet haben, mit anderen Männern zu schlafen. Dann bringen Sie in die Verhandlung ein, dass Sie Ihren Freund verstehen, weil es Ihnen ähnlich geht wie ihm. Möglicherweise haben Sie nach dieser Verhandlung eine offene Beziehung. Wenn Sie das aber gar nicht wollen und er wirklich für Sie erkennbar Ihren Schmerz nachvollziehen kann, dann geben Sie sich Zeit, fahren Sie gemeinsam in den Urlaub und glauben Sie ihm, dass es nichts Ernstes war. Denn manchmal ist das Leben halt ein Zeichentrickfilm.

P.S.
Statistiken soll man ja nur verwenden, wenn sie tröstlich sind oder bestätigen, was man sagen will, also: Statistisch gesehen kommt Fremdgehen am häufigsten in den ersten Jahren vor, die berühmte Midlife-Crisis-Affäre ist eher eine Ausnahme. Es ist also nicht so, dass Ihnen das von nun an ständig passieren müsste.

GUTE LIEBE:
MEIN FREUND KANN KEINER FLIEGE WAS ZULEIDE TUN

Mein Freund ist zu gut für diese Welt. Er findet jeden menschlichen Makel verständlich und nachvollziehbar, sieht jedes Defizit im Kontext und entschuldigt noch das letzte Arschlochverhalten mit der schweren Kindheit des Arschlochs. Eigentlich mag ich diese Großherzigkeit und Güte an ihm, aber manchmal nervt es mich, dass er keiner Fliege einen Flügel krümmen könnte. Und vor allem frage ich mich manchmal, ob er mich überhaupt richtig liebt oder einfach nur mit mir zusammen ist, weil er ja auch nicht Nein sagen würde. Aber kann ich ihm wirklich seine Gutmütigkeit zum Vorwurf machen?

Diana, 27

Fritz J. Raddatz, ehemaliger Feuilletonchef der *ZEIT,* sagte im Gespräch mit der *FAZ,* für die Schöpfung großer Kunst benötige man »ein Talent zum bösen Blick«. Sei »man nur ein Liebender, alle Umarmender, alles Vergebender und für alles Verständnis Habender«, entstehe nicht »ein einziges gutes Bild (...) oder ein einziges gutes Gedicht«.

Da nun der Liebende immer auch Künstler ist und nur der Künstler wirklich lieben kann – kann der rein Gute Künstler sein? »Käthe Kollwitz meinte es gut, Goya war gut«, sagt Raddatz. Denkt man da nicht automatisch an einen bemühten Liebhaber, der wohlmeinend ist, aber das Bett nicht gerade in Trümmern hinterlässt?

In der amerikanischen Serie »Girls« hat eine der Hauptdarstellerinnen einen Freund, der sie vor jedem Stellungswechsel fragt, ob das nun so recht sei. Sie aber beklagt sich darüber, nicht überwältigt zu werden. Er liebt sie zu Tode, das heißt: Er langweilt sie mit seinen ständigen Bekenntnissen, seine Rücksichtnahme lässt keinen Platz für ihn, für ein Geheimnis, es ist, als sei sie zusammen mit ihm einem Fanclub für sich selbst beigetreten, in dem alles, was sie sagt, bewundert wird. Auf einem Sockel kann man recht allein sein.

Ausgerechnet dieser Freund jedoch hat schon zwei Wochen nach der Trennung eine neue Freundin. Erst erdrückt er sie mit Liebe, dann stellt er die Liebe ab wie ein zu heißes Glas Milch.

Ihm fehlt es an Genauigkeit, seine Liebe ist unbestimmt. Ich kann nur sehen, was ich liebe, wenn ich auch das sehe, was ich nicht liebe. Mit jemandem, der alles liebt an mir, ist es wie mit einem Medikament, das gegen alles wirkt. Es wirkt gegen gar nichts.

Liebt Ihr wohlmeinender Freund Sie also nicht, weil er alle liebt? So weit kann man nicht gehen. Aber vielleicht trainieren Sie einmal gemeinsam den bösen Blick. Sehr empfehlenswert sind da Polittalkshows. Zwei davon in der Woche, und Gandhi würde zum Kampfmönch.

VERDÄCHTIGE LIEBE: ICH HALTE DEN FREUND MEINER GUTEN FREUNDIN FÜR SCHWUL

Eine gute Freundin von mir ist mit einem Mann zusammen (und hat zwei kleine Kinder mit ihm), von dem ich glaube, dass er schwul ist. Ich merke, dass er mich öfter und intensiver anschaut als sie. Das ist mir unangenehm. Ich weiß, dass er früher eine Beziehung zu einem Mann hatte, er spielt immer mal wieder darauf an. Manchmal denke ich, ich sollte einfach mal fragen, was Sache ist. Dann wieder denke ich: Das ist nicht mein Problem.

Ralf, 39

In der Seinfeld-Episode »The Outing« wird Jerry Seinfeld irrtümlich für schwul gehalten. Das Drehbuch war so angelegt, dass Seinfeld sich gegen die Vermutung wehren sollte und hatte dadurch ein wenig einen homophoben Beigeschmack. Schließlich wurde folgende Lösung gefunden: Wann immer Seinfeld sagte, dass er nicht schwul sei, fügte er hinzu: »Nicht, dass da irgendetwas nicht mit in Ordnung wäre!« Dieser Satz war zugleich ein Seitenhieb auf die Political Correctness und doch ein deutliches Zeichen, dass die Figuren nicht schwulenfeindlich waren.

Um ehrlich zu sein: Ich vermisse in Ihrer Mail ein wenig so ein Zeichen. Zudem verstehe ich übrigens die, Entschuldigung, Stoßrichtung Ihrer Frage, die so völlig ohne Fragezeichen auskommt, nicht. Machen Sie sich Sorgen um Ihre Freundin oder um Ihre eigene sexuelle Unberührtheit? Was Letzteres angeht, kann ich Sie beruhigen: Vermutlich versteht er – selbst wenn er schwul sein sollte (nicht, dass da etwas nicht mit in Ordnung wäre) – das Konzept Heterosexualität. Und falls es um die Treue geht und Sie sich sorgen: Nur ein kleiner Teil der Männer, die schon einmal homosexuellen Aktivitäten nachgegangen sind (nicht, dass da etwas nicht mit in Ordnung wäre), ist ausschließlich schwul. Vielleicht ist er auch hundert Prozent schwul (nicht, dass da etwas nicht mit in Ordnung wäre) und liebt aus was weiß ich für Gründen Ihre Freundin. Vielleicht ist er auch bloß ein Sechzehntel schwul oder ein Hundertachtundzwanzigstel. Die Welt ist zu vielfältig für ein Raster, das besagt: »Der ist schwul, der kann die Mutter seiner Kinder nicht lieben.«

Also: Erstens wissen Sie nicht, ob er schwul ist, zweitens müsste das nichts bedeuten und drittens haben Sie recht. Es ist nicht Ihr Problem. Aber fragen Sie ruhig, ich frage dauernd Leute, ob Sie schwul, lesbisch oder was auch immer sind. Ich tarne es als berufliches Interesse, bin aber bloß neugierig. Ich bin so geboren.

VERSCHENKTE LIEBE: MEIN FREUND MACHT MIR SCHEUSSLICHE GESCHENKE

Ich liebe meinen Freund, aber in der vergangenen Woche hatte ich Geburtstag und bin mal wieder vom Glauben abgefallen. Die Geschenke waren nicht nur unpersönlich, sondern hatten wirklich überhaupt nichts mit mir zu tun. Ich konnte kaum so tun, als würde ich mich freuen. Kann mein Freund mich lieben, wenn er solche Geschenke macht?

Annabelle, 31

Sie haben mich gerade auf die Frage gebracht, ob meine Mutter mich je geliebt hat. In meiner Kindheit habe ich meistens nützliche Dinge geschenkt bekommen, was man bedauerlich finden kann. Allerdings war das im Nachhinein die beste Geschenkephase, denn als ich heranwuchs, ging meine Mutter dazu über, mir Dinge zu schenken, die kein Mensch zu irgendwas gebrauchen kann.

Der Tiefpunkt war für mich erreicht bei zwei Eulen, die meine Mutter auf dem Aachener Handwerkermarkt erstanden hatte. Zwei metallische Eulen, gar nicht so klein, in die man Teelichter stellen konnte, sodass sie von innen heraus durch die Augen leuchteten. Ich habe diese gar nicht so kleinen Eulen nicht etwa zu Halloween geschenkt bekommen, sondern zum Geburtstag, und ich bin an dem Tag auch nicht neunzig geworden, sondern siebenundzwanzig. Täuschen Sie da mal Freude vor! Ich habe mich dann damit gerettet, meine Überraschung zu demonstrieren, denn überrascht, das war ich ja durchaus, sie waren schließlich gar nicht so klein, die Eulen aus Metall.

Von meinem Vater dagegen habe ich als Kind Waffen, Autos und Bälle bekommen, im Laufe der Jahre hat er dann vergessen, wann ich Geburtstag hatte. Natürlich hatte er auch die Waffen, Autos und Bälle nicht gekauft. Meine Mutter hatte sie stellvertretend besorgt und auf die Kärtchen an den Paketen »von Papa« geschrieben.

Diese beiden Geschenkeneurotiker; nun, sie haben mich geliebt, ich bin da ziemlich sicher. Man kann einen schlechten Tag im Jahr wettmachen, wenn man an den anderen 364 Tagen für den anderen da ist, überraschend die falsche Schokolade mitbringt (mein Vater konnte sich »Vollmilch« einfach nicht merken und dachte, er täte mir mit aufregenden Schokokreationen einen Gefallen), die nützlichen und für niemanden nutzbar zu machenden Geschenke miteinander benutzt und dann gemeinsam zum Wertstoffhof fährt, wenn man also Liebe in ihrer ganzen alltäglichen Pracht praktiziert. Wenn Sie das erleben, dann pfeifen Sie auf den einen Tag. Oder geben Sie in den Wochen vorher wertvolle Hinweise, so hat es meine Mutter mit mir gemacht, als sie erwähnte, sie habe jetzt ausreichend Miró-Kalender. Das beendete eine Serie von zwölf aufeinanderfolgenden Muttergeburtstagen, an denen ich sie mit diesen Meisterwerken überrascht hatte. Ich habe sie trotzdem weiter geliebt.

REDUZIERTE LIEBE: ICH WILL NICHT NUR SCHÖN GEFUNDEN WERDEN

Es kommt mir vor, als werde ich auf mein Aussehen reduziert. Aber müsste man mich nicht als ganze Person lieben?

Charlotte, 36

Als das geliebt zu werden, was man ist, ist der wesentliche Wunsch eines jeden Menschen. Und doch wird man ständig reduziert.

Nach welchen Kriterien wir uns den Mann/die Frau fürs Leben angeln, das beschäftigt uns spätestens von den ersten Regungen der Pubertät an. Wir als Zivilisierte bekommen von den Fachmedien wie *Brigitte, Bunte* und *GQ* vermittelt, entscheidend seien Geld (Mann) und Aussehen (Frau) und hoffen still, es möge noch etwas anderes sein. Andere glauben daran, dass Gürteltiere ein gutes Indiz sind. Gürteltiere gehören zu den Gepanzerten Nebengelenktieren. Sie sind verwandt mit Ameisenbären und Faultieren. Auf Gefahr reagieren sie, indem sie sich zusammenrollen.

Die Aché leben im paraguayischen Urwald. Dort jagen sie Gürteltiere. Von dem erlegten Gürteltier behält die Kernfamilie des Jägers weniger als fünfzig Prozent, der Rest geht an andere Stammesmitglieder. Nichtsdestotrotz suchen die Frauen die Männer hauptsächlich nach ihren Jagdfähigkeiten aus. Aber was heißt nichtsdestotrotz: Wenn man schon weniger als fünfzig Prozent eines Gürteltiers für sich hat, dann sollten es wenigstens viele und besonders dicke Gürteltiere sein. Die Aché-Frauen ziehen genauso Rückschlüsse aus dem Verhalten beim Geschlechtsverkehr auf die Jagdkompetenz. Der Anthropologe Richard Borshay Lee berichtet, auch die Frauen der !Kung San würden bei ausbleibendem Jagderfolg zunächst gezielt Indiskretionen über die Potenz ihres Liebhabers verbreiten, umgekehrt gelte aber auch: »Ist er nicht gut im Bett, dann kann er auch nicht jagen.«

Nun sind die !Kung San Ausdauerjäger und mit viel Fantasie mag man sich vorstellen, dass es da einen Zusammenhang zur Sexualbefähigung gibt. Aber zur Beute der !Kung San gehören auch Reptilien, Vögel und Insekten. Anhand welcher sexuellen Technik will man wohl erkennen, wie gut jemand Termitenlarven aus einem Bau klauben kann?

Man wird ziemlich oft aus den falschen Gründen geliebt. Was diese Gemeinheit erträglicher macht: Die richtigen Gründe gibt es vielleicht gar nicht. Wir wollen ganz und gar erfasst werden, mit unserer ganzen Seele, mit unserer ganzen Herrlichkeit, mit unseren niedlichen Macken, sogar mit unseren Augenfalten, Hämorrhoiden und Eiterbeulen. Und das werden wir, wenn wir Glück haben, auch. Aber nicht zu Beginn.

Vor die tiefe, verstehende, alles wahrnehmende Liebe haben die Götter den Erfolg bei der Gürteltierjagd gesetzt. Fragen Sie nicht. Ich habe mir das nicht ausgedacht.

MÄKELNDE LIEBE: ICH KOMME MIR VOR WIE DAS PÜPPCHEN MEINER FREUNDIN

Ich lebe seit einigen Wochen zum ersten Mal mit einer Frau zusammen. Ein Paar sind wir seit drei Jahren. Die Tendenz, dass sie mich ändern will, gab es schon immer, aber seitdem wir eine Wohnung teilen, hat sich die Mäkelei deutlich verstärkt. Ich esse zu ungesund, ich schaue zu viel fern und treibe zu wenig Sport und generell kann ich mich anscheinend nicht anziehen. Manchmal komme ich mir vor wie ihr Püppchen. Sie jedoch sagt, Kompromisse seien normal.

Stefan, 28

Rutenangler leben in der Tiefsee. Die ersten Exemplare, die Wissenschaftler fanden, waren allesamt weiblich. An den meisten hingen kleine Parasiten dran. Es stellte sich heraus, dass es sich bei diesen Parasiten um Rutenanglermännchen handelte. Die Männchen sind deutlich kleiner als die Weibchen, und wenn die beiden sich annähern, verschmilzt das Männchen mit der Zeit mit dem Weibchen. Der Kreislauf des Männchens gleicht sich dem des Weibchens an, sein Körper verkümmert, zurück bleiben nur noch die Hoden.

»Warum kann ich nicht mal so einen netten Kerl treffen?«, werden sich jetzt manche fragen.

Ein Partner, dessen Änderungsbereitschaft so weit geht, dass er ganz und gar mit uns verschmilzt, so weit, dass er gar nicht mehr als Individuum erkennbar ist –

ernsthaft kann das doch niemand wollen. Denn dann wäre man ja im Grunde allein mit seinem Spiegelbild, Klonbrüderchen und Klonschwesterchen vereint vor dem Fernseher, vereint beim Shoppen, vereint beim Joggen – nur beim Sex, da fühlte es sich so seltsam masturbatorisch an.

Also muss man wohl etwas Fremdes beim anderen erdulden. Und so lange da noch ein anderer ist, wird es Dinge geben, die uns an ihm nerven. Wie nun mit dem Unperfekten im Partner umgehen?

Vielleicht hilft ein Blick auf das Bundesverfassungsgericht. Wenn zwei Grundrechte miteinander kollidieren, nehmen wir Ihr Recht, unpassende Klamotten zu tragen oder die Bundesliga auswendig zu lernen, und das Recht Ihrer Freundin, nicht zu erblinden oder Mona Lisa zu schauen, dann gilt das Prinzip der praktischen Konkordanz. Keines der Grundrechte hat Vorrang, man muss in mühseliger Kleinarbeit Kompromiss an Kompromiss reihen. Sei es nun, dass Sie zu Hause rumlaufen können wie ein Clochard, außerhalb der Wohnung aber Ihrer Freundin die Auswahl Ihrer Kleidung überlassen, sei es die Anschaffung eines Zweitfernsehers oder die Einführung eines fernsehfreien Samstags. Nichts davon ist am Ende wirklich tief befriedigend, aber wirklich tief befriedigt sind überhaupt nur Rutenanglerweibchen.

SACKGASSENLIEBE: ICH SCHLAFE MIT MEINEM EXFREUND

Ich habe einen Mann sehr geliebt, so sehr, dass ich alles tat, um mit ihm zusammen zu sein. Er liebt mich nicht »genug«, wie er sagt. Ich habe mich deswegen von ihm getrennt, nach etwa einem Jahr Beziehung. Wegen der noch vorhandenen Gefühle sind wir allerdings noch »intime« Freunde. Es ist eine Sackgasse, weil ich Lust habe, andere Männer kennenzulernen, und gleichzeitig bin ich immer noch Gefangene meiner Liebe für ihn – die Hoffnung stirbt zuletzt.

Wie kommt man aus so einer Sackgasse heraus?

Susanne, 32

Wenn ich Sie richtig verstehe, waren Sie zusammen mit ihm, er hat sie jedoch nicht richtig geliebt und jetzt sind Sie zusammen mit ihm, aber er liebt Sie nicht. Sie haben sich getrennt, ohne sich zu trennen, Ihr Verhältnis ist untot, Sie führen eine Zombie-Beziehung. Nun gut, Sie nennen es nicht mehr Beziehung, sondern intime Freundschaft, aber ansonsten ist es dieselbe Sackgasse, nur der Straßenname hat sich geändert.

Für ihn ist die Situation nicht unkomfortabel, er hat seine regelmäßige Ration Sex ohne Verpflichtungen. Er wird daran nichts ändern, Lebewesen sind kompetente Nutzenmaximierer. Aber für Sie? Sie bleiben in Ihrer gemütlichen Sackgasse, in der Sie nicht geliebt werden, aber in Fantasien schwelgen können.

Wolf Biermann sagte, wer die Hoffnung töte, sei ein Schweinehund, dann muss ich jetzt wohl ein Schweinehund sein. Ich halte es sowieso eher mit Heiner Müller, der nannte Hoffnung »Mangel an Information«.

Hier also einige Informationen, basierend auf dem, was Sie selbst sagen: Sie nennen die Beziehung eine Sackgasse, das heißt, dass vor Ihnen nichts mehr liegt. Rein gar nichts. Im besten Fall, der gleichzeitig der schlechteste ist, werden Sie noch ein paar Jahre lang belanglosen, still hoffenden Geschlechtsverkehr haben und dann von ihm ausgewechselt werden wie eine ausgebrannte Glühbirne (wobei ich hier zu Unrecht mitschwingen lasse, er sei ein schlechter Mensch – er sagt schließlich ausdrücklich, dass er Sie nicht hinreichend liebt). Die Alternative ist, dass es eher geschieht.

Sie wollen wissen, wie man aus der Sackgasse herauskommt, aber in Wirklichkeit wollen Sie am liebsten in der Sackgasse hocken bleiben. Wenn Sie das wollen, dann machen Sie das. Ansonsten müssen Sie aufstehen, sich umdrehen und gehen.

Das ist zu hart? Akzeptieren Sie, dass es hart ist. Nehmen Sie hin, dass Sie traurig sein werden, vier Kilo zunehmen und drei hartnäckig wiederkehrende Trauerpickel bekommen.

Das geht vorüber. Und dann liegt wieder eine große unbekannte Straße vor Ihnen mit Männern links und rechts.

LUSTLOSE LIEBE: SEX ALS PFLICHTPROGRAMM

Meine Frau, mit der ich seit sechs Jahren zusammen bin, hat seit gut einem Jahr irgendwie alle Lust am Körperlichen und auch am Sex verloren.

Mir dagegen ist das sehr wichtig, ich brauche Körperkontakt und brauche auch regelmäßigen Sex. Den »liefert« sie mir nun auch, einmal pro Woche, nachdem wir etwas drüber gesprochen haben, am Wochenende, aber wie eine Pflicht oder eine Dienstleistung. Sie hat zwar meistens auch einen Orgasmus, aber sie zeigt mir nie, dass sie Lust auf Sex und Nähe hat.

Was soll ich tun – ihr Raum geben und mich selbst zurücknehmen? Oder was kann ich tun, dass sie sich öffnet?

Dietmar, 49

Geben Sie ihr keinen Raum, rücken Sie ihr auf die Pelle! Sie sind derjenige, den es etwas angeht, Sie dürfen nicht ruhen und warten. Es gibt eine Reihe von Gründen für sexuelle Lustlosigkeit, die nichts mit dem Partner zu tun haben. Stress, Unzufriedenheit mit dem eigenen Körper, Nebenwirkungen von Medikamenten, Depression, vielleicht sind es auch die Wechseljahre.

Es muss nicht unbedingt der Fall sein, dass Ihre Frau den Grund dafür kennt, dass sie keine Lust auf Sex hat.

Sieht man von den medizinischen Gründen ab und richtet den Blick auf die Beziehung, muss man verstehen, dass Sex in einer Beziehung nicht isoliert von dem sonstigen Miteinander betrachtet werden kann. Sex ist Grundlage und zugleich Resultat einer harmonischen Beziehung, der Trieb selbst so stark, dass nur schwerwiegende Ereignisse ihn aufhalten können. Weil diese Ereignisse jedoch so schwerwiegend sind, sind sie dem Gespräch nur schwer zugänglich.

Es ist gut möglich, dass Ihre Frau über die Jahre von vielem enttäuscht ist, sich zu wenig beachtet und begehrt fühlt, zu viel arbeiten muss, sich nie mit ihren Wünschen durchsetzen kann, bei Auseinandersetzungen immer den Kürzeren zieht, sich einfach nicht mehr wohlfühlt. Und dann will man eben keinen Sex mehr. Gut möglich, dass es Gebiete gibt, auf denen Sie in ähnlicher Weise Ihrer Frau etwas vorenthalten, wie sie es auf dem Gebiet der körperlichen Nähe tut.

Ihre Beziehung ist in großer Gefahr und wenn es keines von den eingangs erwähnten Problemen ist, dann müssen Sie jetzt (Sie warten ja immerhin schon ein Jahr!) erkennen, dass fehlende Leidenschaft kein Problem ist, das einer der beiden Partner hat, es ist ein Problem, das man nur gemeinsam lösen kann. Durch mehr Rücksicht, mehr Anteilnahme, mehr Entgegenkommen, Einlenken. Leidenschaft entsteht aus dem Spielerischen und spielen kann man nur miteinander, nicht, wenn zwischen einem Paar der Vorwurf steht, der eine würde etwas zurückhalten.

FESTGEFAHRENE LIEBE: ICH HABE ES AUFGEGEBEN, IHN ÄNDERN ZU WOLLEN

Mein Mann und ich leben seit dreißig Jahren zusammen, klar bin ich darauf stolz, wir scheinen ein Auslaufmodell zu leben. Aber immer wollen wir was anderes: ER fernsehen, ICH vor die Tür, ER Paarzeit, ICH Familie, Enkel inklusive, ER genügsam in fast allen Lebensdingen, ICH neugierig. Wir kleben nicht aneinander, können uns sehr gut allein beschäftigen, was wir auch tun. Aber Ehezeit soll doch auch aktive gemeinsame Zeit sein. Der Punkt ist: Wie mache ich es ihm recht, ohne mich zu verbiegen? Es ermüdet mich, mir mein Wunschleben ständig erkämpfen zu müssen, manchmal denke ich, allein wäre ich besser dran. Aber ich bin auch ein eingefleischtes Paartier, dreißig Jahre binden, wir sind zusammen älter geworden, und eigentlich möchte ich daran nichts ändern.

Claudia, 56

Immer wieder mischen sich in die Schilderung Ihrer Beziehung Außenbetrachtungen. Sie sind stolz, weil eine so lange Beziehung ein Auslaufmodell ist. Ehezeit soll aktive, gemeinsame Zeit sein. Die einzige echte Aussage über sich ist: Es ermüdet mich. Und dann gleich: Aber ich bin ein Paartier. Von außen sieht Ihre Beziehung toll und stabil aus, entspricht aber eigentlich nicht dem Bild, das man haben sollte; von innen betrachtet bleiben Müdigkeit und das Bedürfnis nach Zweisamkeit und Gewohnheit. In der Midlife-Crisis stellt sich folgende Frage: Werde ich etwas Nützliches mit dem Rest meines Lebens machen?

Sie haben diese Frage konstruktiv für sich beantwortet: Sie geben Ihrer Familie etwas mit, Sie bleiben offen, lebendig, neugierig, Ihr Mann lebt wie eine tausendjährige Schildkröte. Hindert er Sie daran, Ihr Leben zu gestalten? Das nicht. Aber Sie sind innerhalb der stabilen Zweisamkeit häufiger allein, als Sie das gerne wären. Sie wollen nicht versauern, Sie wollen aber auch nicht, dass Ihr Mann unter seinem Schildkrötendach eingeht.

Mein Vater, Eigenbrötler, Arbeitstier und genügsam bis zur Selbstverleugnung, verbrachte, da war er schon schwer erkrankt, auf Drängen meiner Mutter einige Monate mit ihr in den USA. Er brauchte nicht einmal Medikamente, so sehr lebte er auf. Sagen Sie Ihrem Mann in aller Klarheit, dass es so nicht geht. Dass er die Wahl hat, allein zu verstauben oder zu zweit zu erblühen.

Sie wollen dabei aber nicht die berüchtigte nörgelnde Ehefrau geben, die Xanthippe. Das geht nur, indem man eine deutliche Konfrontation sucht: Ich möchte von meinem Leben das – was möchtest du? Geben Sie nicht auf, leben Sie Ihr Leben, wie Sie es für richtig halten, aber führen Sie es nicht ohne Ihren Mann. Holen Sie ihn aus seinem Kokon, selbst ein spät geschlüpfter Schmetterling kann noch Pirouetten drehen.

KOMPLIZIERTE LIEBE: WAR LIEBE FRÜHER LEICHTER?

Eine Freundin von mir hat gerade festgestellt, dass sie eine Facebook-Nachricht von einem für sie interessanten Mann übersehen hat, die er ihr einige Monate zuvor geschickt hat. Sie hat ihm daraufhin geantwortet, sich für die Verspätung entschuldigt, aber es kam nichts zurück.

Nun habe ich zwei Fragen: Warum ist das alles so kompliziert? Und ist es nicht mit all der Technik noch komplizierter geworden?

Martha, 39

Jedes Kind versteht Regen. Wasser steigt hoch, Wasser kommt wieder herab. Wasser, Luft, Wärme. Kinderleicht.

Wird das Kind dann größer, stellt es fest, dass es Regen ganz und gar nicht verstanden hat. Er müsste das Gesetz von Stokes begreifen, in dem die Abhängigkeit sphärischer Körper von ihrem Radius, von der Viskosität des das Partikel umgebenden Fluids und von der Geschwindigkeit des Partikels beschrieben wird. Die daraus resultierende Formel wird allerdings ungenau, wenn die in einem Gas sinkenden Kugeln so klein sind, dass sie sich in der gleichen Größenordnung wie die mittlere freie Weglänge der Gasmoleküle befinden, sodass man die Cunningham-Korrektur benötigt.

Hat man das Gesetz von Stokes und die Cunningham-Korrektur erfasst, müsste man sich mit Schwerkraft beschäftigen und wäre noch nicht einmal im Entferntesten so weit zu verstehen, warum Regen mal in Fäden, mal in Tropfen fällt, warum es Starkregen, Platzregen, Sprühregen, Eisregen und warmen Regen gibt und warum es immer regnet, wenn man keinen Regenschirm dabei hat.

Sie ahnen es. Schaut man sich die Liebe genauer an, dann wird auch sie ziemlich kompliziert.

Früher, zu der Zeit also, als die Leute noch Hoimar von Ditfurth lasen, die Flüsse noch nach Industrie dufteten und der Schweinebraten nach Angst (weil noch echtes Schwein drin war), da war die Liebe auch schon kompliziert. Das weiß ich zufällig, da ich die Ehe meiner Eltern mitbekommen habe. Und noch viel früher, als die Leute noch Höhlenwände lasen, die Flüsse nach Flusspferdfäkalien dufteten und der Schweinebraten immer ein wenig zu schnell weglief, selbst da war die Liebe schon kompliziert.

Die Liebe kann davon abhängen, wie rasch auf eine Facebook-Nachricht geantwortet wird, ob der Bus kommt oder nicht – oder von etwas ganz Zufälligem.

Liebe ist Chaos und wir werden sie nie ganz verstehen. Was wir tun können: Das Einfache darin suchen. Locker bleiben. Regenschirme im Notfall Sonnenschirme sein lassen.

LIEBE ZWISCHEN DEN ZEILEN: KÖNNEN FRAUEN UND MÄNNER BEFREUNDET SEIN?

Eine allgemeinere Frage, die mich immer wieder in verschiedenen Zusammenhängen beschäftigt: Können Frauen und Männer befreundet sein? Ist da nicht immer etwas in der Luft?

Luise, 24

Ja, natürlich können sie befreundet sein, würde ich sagen.

Meine Frau jedoch hält das für Quatsch. Ihre These ist, dass zwischen Frauen und Männern grundsätzlich so etwas wie ein sexueller Nährboden besteht. Harmlosigkeit kommt in der Welt meiner Frau nicht vor. Ich dagegen finde, dass das doch eine gute Sache ist, so ein sexueller Nährboden.

Eine der hübschesten Lügen, die eine freie Gesellschaft sich erzählt, ist die: Man kann mit der Frau und den besten Freundinnen der Frau ins Freibad gehen ohne auch nur den kleinsten sexuellen Gedanken, man kann einem Kollegen mit herrlich muskulösen Armen und erstaunlichen Grübchen am Kinn Tag für Tag gegenübersitzen und ihn rein professionell beurteilen, kurz: Es gibt keine Frauen und Männer, nur Loyalität und Funktionsträger. Was auch genau so klappt, wenn man die Freundinnen nicht attraktiv findet und der Kollege ein Vollidiot ist. Ansonsten sind wir umgeben von Versuchungen.

Einer der hässlichsten Sätze der deutschen Sprache ist: »Ich habe einen Freund.« Man möchte ein Eis essen gehen, weil man Eis liebt, und weil man es noch mehr liebt, wenn jemand das Vergnügen der cremigen Kugeln mit einem teilt, lädt man die neue Kollegin auf ein Eis ein, woraufhin dieser schreckliche Satz ausgesprochen wird.

Was macht man nun? Wenn man sagt, das mache nichts, man habe sowieso keine Absichten, stellt sich die Frage: Warum denn nicht?

Die einzige Möglichkeit, ohne Beleidigung der Kollegin aus der Situation herauszukommen, wäre, ebenfalls einen Partner zu haben, dann könnte man vielleicht sogar ein Eis zusammen essen, oder noch schöner: Einen Pärchenabend machen. Nebenbei gesagt sind Pärchenabende deswegen so grausam, weil es mathematisch ausgeschlossen ist, dass vier Leute, von denen ein erheblicher Teil einander nicht ausgesucht hat, sich gut verstehen, und man kann ruhig unter Berufung auf mich oder irgendeinen bekannten Mathematiker sagen, dass man Pärchenabende ablehnt, falls mal wieder einer ansteht.

Zurück zur Frage: Männer und Frauen können miteinander befreundet sein, weil sie einander so ähnlich sind, und sie können miteinander schlafen, weil sie gerade so verschieden sind, dass sie sich ergänzen, sie können danach befreundet bleiben, weil sie beide Homo Sapiens sind und daher vernunftbegabt, und sie können befreundet sein und nicht miteinander schlafen und immer mal wieder anklingen lassen, dass sie es jederzeit tun könnten oder sie können einander als Neutrum behandeln.

Versuchungen kann man widerstehen oder erliegen, niemals sollte man ihnen aus dem Weg gehen.

LOCKERE LIEBE: WENN ES MAL NICHT SO LÄUFT, WERDE ICH VERLASSEN

Ich glaube, ich bin nur für gute Zeiten gemacht. Kommen schlechte Zeiten, werde ich verlassen. Es gelingt mir einfach nicht, eine Beziehung durch die Zeit durchzusteuern, wenn nicht alles total easy und locker und leicht ist, sondern zäh und schwierig und trocken.

Feline, 23

Maxim Biller schrieb in »Liebe in Zeiten der Inline-Skates« (erschienen in »Deutschbuch«): »Wer heute liebt, liebt nie den anderen. Wer heute liebt, macht (...) fast immer sofort Schluss, wenn es die ersten Probleme gibt.« Das habe einen politischen Grund. Der »weltumspannende 89er-Sieg des Kapitalismus« habe viel damit zu tun, »wie flüchtig und selbstsüchtig die Menschen heute einander lieben. Denn natürlich ist (...) ihr pathologischer Kaufwahn vor allem schuld daran, dass sie einander gegenseitig auch nur noch für Ware halten, für etwas, das man benutzt, damit es einem gut geht, ohne den Respekt und die Hingabe, die zwischen Leuten herrschen sollten«.

Man muss sich mal vor Augen führen, warum man einander bei der kirchlichen Trauung verspricht, dass man »in guten wie in bösen Tagen, in Gesundheit und Krankheit, in Reichtum und Armut« beisammen bleibe. Dieser Satz ist keine Folklore, sondern drückt das menschliche Kernbedürfnis aus, das für ihn, das gesellige Tier, so wichtig ist wie Wasser und Brot: geliebt zu werden, auch wenn man gerade nicht frisch geschminkt ist, kein Geld verdient, eigenartig riecht und eine schlechte Gesundheitsprognose hat.

All das kommt: immer. Wir sind, außer ein paar besonders Reichen, alle irgendwann hässlich, abgebrannt, ausgebrannt, unlustig, krank und liegen dann sogar im Sterben.

Und um das aushalten zu können, da brauchen wir Liebe. Liebe ist aber kein Kaufhausversprechen, kein »ich will so bleiben, wie ich bin«, kein »weil ich es mir wert bin«. Liebe heißt: Ich werde sein, wie ich bin, durch dich, Liebe heißt: weil du es mir wert bist. Liebe ist das Gegenteil von Konsum, man schaut sich den anderen nicht an wie ein Gebrauchtwagenkunde einen alten Golf, man trifft ihn und ab da möchte man, dass er nie mehr weint, nie mehr leidet, sich nie mehr wertlos fühlt. Man weiß, dass man das alles nicht wird verhindern können und steckt seine ganze Kraft darein, es dennoch zu versuchen.

Pfeifen Sie auf diese Leichtmatrosen der Liebe und ich meine natürlich: Scheißen Sie auf sie. Sie müssen überhaupt nichts steuern, Sie müssen bloß einmal kein Arschloch treffen. Warum Sie so schlecht auswählen, das wäre noch einmal ein eigenes Thema.

INDISKRETE LIEBE:
ICH ERZÄHLE ALLES MEINER BESTEN FREUNDIN

Wenn mein Freund und ich uns streiten, renne ich sofort zu meiner besten Freundin. Er hingegen würde vor seinen Freunden nie etwas an mir kritisieren, er macht alles mit sich allein aus. Nun fühlt er sich manchmal etwas unwohl, wenn er meiner Freundin begegnet. Aber ich sage ihm, dass ich ihr doch genauso auch erzähle, wie toll er ist. Dennoch verlangt er von mir, dass ich mit niemandem über uns spreche. Darf er das?

Sibylle, 33

Aus irgendeinem Grund fehlt in Ihrer Frage ein Satz. Ich vermute, der Grund liegt darin, dass dieser Satz der entscheidende ist. Sie sagen, Sie rennen sofort zu Ihrer Freundin. Im nächsten Satz heißt es dann, Ihr Freund würde vor seinen Freunden nie etwas an Ihnen kritisieren.

Sie rennen also nicht zu Ihrer Freundin, um den Streit aus allen Perspektiven darzulegen, und eine objektive Drittmeinung zu erhalten. Sie rennen auch nicht zu Ihrer Freundin, um sich dort auszuweinen. Sie rennen zu ihr, um über Ihren Freund zu lästern.

Nun zeigt man jedoch für gewöhnlich Freundinnen der Freundin ein öffentliches Bild von sich, wie man es auch anderen Bekannten zeigt. Durch die Preisgabe intimer Details, die auch noch im verzerrten Licht des gerade ausgetragenen Streits berichtet werden, weiß nun Ihre Freundin Dinge von ihm, die er ihr niemals mitteilen würde. Er ist um die Möglichkeit beraubt, mit ihr einen höflichen, erwachsenen Umgang zu pflegen.

In der Öffentlichkeit kann man die Folgen dieses Sozialpaparazzitums an Prominenten, deren Intimleben durch die Medien gezerrt wurde, beobachten: Woran denken Sie bei Jörg Kachelmann, Michel Friedman, Boris Becker oder Franck Ribéry? Eben.

Diese Männer sitzen mit heruntergelassenen Hosen vor uns, ohne dass sie etwas dafür könnten. Es ging um ein Verhalten in intimen Situationen, das nur die Betroffenen etwas angeht.

Vor Jahren erzählte mir eine Bekannte ohne erkennbare Not, ihr Freund halte beim Sex nur eine Minute durch. Der arme Kerl hatte Asthma! Was hätte ich mit dieser Information Konstruktives anfangen können? So sah ich von da an, wann immer ich sein von einem damals modernen Kurányibärtchen gerahmtes Gesicht erblickte, eine rasche Erschöpfung durchschimmern. Ich konnte mir nicht helfen, über jedem unserer Treffen hing in einer großen Denkblase das Wort praecox.

Manchmal ist eben doch der Bote schuld. In einer – und das ist wichtig! – gesunden, nicht missbräuchlichen Beziehung kann Nähe nur in Vertrautheit gedeihen.

FAULE LIEBE: MEIN FREUND IST EINE COUCHKARTOFFEL

Mein Mann überlässt mir die gesamte Planung unserer Freizeit und auch die der sozialen Termine. Wenn ich ihn machen lassen würde, würden wir nur noch auf der Couch sitzen. Wie kann ich ihn dazu bringen, in dieser Richtung auch mal aktiv zu werden?

Sabine, 37

Es ist gar nicht so unüblich, dass in einer Beziehung einer der beiden Partner der Außenminister ist. Bei meinen Eltern ging diese Rollenverteilung so weit, dass meine Mutter die Briefe der Schwestern meines Vaters beantwortete. Mein Vater war allerdings alles andere als eine Couchkartoffel, er neigte bloß Aktivitäten zu, für die man nicht unbedingt andere Menschen benötigte. Er werkelte, schraubte, zimmerte, er goss, mähte, schnitt, er beobachtete Vögel, zeigte mir unter Steinen niederes Getier und aß Äpfel samt Gehäuse. Meine Mutter dagegen kannte von jedem Nachbarn die Lebensgeschichte, reiste durch die ganze Welt und kannte danach die Lebensgeschichte der Mitreisenden, erkletterte Sehenswürdigkeiten und kannte, Sie werden es ahnen, dann auch deren Lebensgeschichte.

Die Aktivitäten meiner Eltern berührten sich nur am Rande. Dann nämlich, wenn meine Mutter meinem Vater die Lebensgeschichten all der Leute, die sie so traf, beim Essen erzählte und mein Vater detailliert schilderte, was das Blaumeisenmännchen heute so getrieben hatte.

Es wird ja vermutlich nicht so sein, dass Ihr Mann sich für überhaupt gar nichts interessiert. Es wäre eine Möglichkeit, sich seiner Art der Freizeitgestaltung auszuliefern. Aber Vorsicht: Eine Bekannte, die ihrem Mann zugestanden hatte, sich von nun an auch seinen bevorzugten Gebieten zu öffnen, fand sich daraufhin auf der Südtribüne der Düsseldorfer Eislauf-Gemeinschaft wieder.

Man muss sich von dem Gedanken verabschieden, einen Klon zu finden. Einen, der alles mag, was man selbst mag, das gleiche Maß an Enthusiasmus aufbringt für die Dinge, die einen selbst begeistern. Das würde manches erleichtern, zugegeben. Aber wo soll man so jemanden hernehmen, wenn die Gentechnikgesetze so streng sind?

Wenn ich Sie richtig verstehe, dann macht Ihr Mann mit, was Sie planen. Das ist mehr als meine Eltern je hatten. Vielleicht können Sie sich ja daran erfreuen und verbringen vor lauter Freude mal einen Abend mit ihm auf der Couch. Diese Art von Abend endet oft viel überraschender, als man denkt.

FURZENDE LIEBE:
MEIN FREUND IST EIN FERKEL

Mein Freund wohnt seit zwei Jahren mit mir zusammen, vorher sind wir drei Jahre lang gependelt – und waren glücklicher.

Denn jetzt stört mich vieles, was er als Kind anders gelernt hat als ich: Nasebohren, Klotüren offen lassen, beim Gähnen die Hand nicht vor den Mund halten, Furzen im Bett, Fingernägel dreckig lassen – an unzähligen Stellen stoße ich mich daran, sage aber nichts, weil ich es zu intim und gouvernantenhaft finde.

Helene, 41

Ihr Freund hat also ausdrücklich gelernt, dass er im Bett flatulieren soll und seine Fingernägel nicht zu säubern hat?

Im Laufe des Zivilisationsprozesses hat der Mensch sich einigen Regeln unterworfen, von denen manche nicht unmittelbar einleuchten. Warum soll man sich nicht einfach an Ort und Stelle erleichtern, wenn doch der Weg zur Toilette so weit ist, warum nicht anderen sein benutztes Taschentuch anbieten, warum nicht in der Nase bohren, wenn andere dabei zuschauen müssen?

Natürlich würde man heute sagen, dass diese Verhaltensweisen hygienische Gründe haben, da allerlei Keime von den inkriminierten Verhaltensweisen profitieren würden. Aber das war nicht der Grund. Als der Mensch aufhörte, vor anderen die Hosen herunterzulassen, um einen Haufen zu setzen, da hatte er noch keine Ahnung von EHEC.

1529 erschien das Benimmbuch »De civilitate« des Erasmus von Rotterdam. »Menschen werden nicht als Menschen geboren, sondern als solche erzogen!« war sein Credo. Der Mensch hörte auf, seinen Schnodder einfach mit der Hand abzuwischen, weil er kein Tier mehr sein wollte. Und weil man den Mitmenschen auf diese Weise Respekt erwies.

Selbst wenn die Eltern Ihres Freundes noch so profund bei der Erziehung versagt hätten, so hätte er wahrnehmen können, dass andere Menschen sich nicht so verhalten. Es ist also nicht etwa irgendein Fehler in ferner Vergangenheit, nein: Ihr Freund entscheidet sich Tag für Tag, die gängigsten Regeln des Miteinanders zu ignorieren. Um es in einer Sprache zu sagen, die auch er versteht: Er scheißt drauf.

Nun kann man sagen, dass man doch in seinen eigenen vier Wänden sich anders verhalten kann als in der Öffentlichkeit und dass man seinen Partner mit allen Idiosynkrasien zu lieben hat. Und da ist auch etwas dran. Es gibt Paare, die in der gemeinsamen Wolke ihrer familiären Gerüche erst richtig warm werden miteinander. Aber das ist hier gar nicht der Punkt. Sie stört es ja. Ihr Freund furzt Ihnen unter die Nase und Ihnen ist es »zu intim«, darüber auch nur zu reden. Sehen Sie da kein Ungleichgewicht?

Nehmen Sie sich ernst, glauben Sie an die Zivilisation!

VERLOGENE LIEBE: WARUM LÜGEN MÄNNER?

Es scheint ein Männer-Phänomen zu sein: Anstatt seiner Partnerin die Wahrheit in einer belanglosen Sache zu sagen (Treffen mit einer alten Bekannten), erfinden Männer sehr gerne Notlügen wie: »Ich muss heute länger arbeiten.« Sie meiden die Konfrontation und erzählen lieber Lügen. Dabei bedenken sie nicht, dass es letztendlich zu einer viel größeren Konfrontation kommt, nämlich dann, wenn die Partnerin die Wahrheit herausfindet. Dann sind Männer ganz verdutzt und verstehen gar nicht, wieso sich die Frau so aufregt, es sei schließlich etwas ganz Belangloses gewesen. Es stellt sich aber die Frage: Wenn nicht mehr dahintersteckt, warum hat er dann gelogen?

Doris, 36

Wissen Sie, warum es so schwer ist, in Studien etwas über das Lügeverhalten der Menschen herauszufinden? Die Studienteilnehmer lügen.

Man weiß daher nicht, ob Männer mehr lügen als Frauen. Manche Forscher sagen, Frauen wären eher geneigt, Lügen zu erzählen, um andere zu schonen, während Männer eher lügen würden, um gut dazustehen. Andere kommen zu dem Ergebnis, dass Frauen eher andere Frauen belügen, Männer jedoch mit großer Gerechtigkeit beide Geschlechter gleichermaßen an der Nase herumführen.

In einer tschechischen Studie fand man heraus, dass

nur vier Prozent der über 27-jährigen Männer über ihr Alter gelogen haben, aber 26,5 Prozent der Jungs zwischen zwölf und 18. In der Studie ging es um das Verhalten, das Menschen online an den Tag legen. Nicht nur über das Alter logen Jungs und Mädchen (ebenfalls 26,5 Prozent) gleichermaßen, auch über ihr Aussehen, ihre Erziehung und ihr Geschlecht. Das alles wuchs sich mit den Jahren aus. Geht es also um Onlinekontakte, dann könnte man sagen: Je älter der Mann (oder die Frau), desto weniger hätten Sie das Problem mit der Ehrlichkeit. Sie wüssten bloß nicht, ob es sich um einen alten oder einen jungen Mann handelt, und ob es sich überhaupt um einen Mann handelt.

Arthur Schopenhauer zufolge hat man ein »Recht zur Lüge« bei »jeder völlig unbefugten Frage«. Die Lüge sei eben die »Notwehr gegen unbefugte Neugier«.

Nun ist man in einer Partnerschaft aber nicht der Unbefugte, jedenfalls nicht, was die Frage nach dem Aufenthalt angeht. Der Dialog »Wo gehst du hin? – Geht dich nichts an« illustriert ein Zerwürfnis, keinesfalls die Normalität des Liebesalltags.

Das getarnte »Geht dich nichts an« bedeutet also, dass der Lügner für sich die Entscheidung getroffen hat, dass er von seinem Partner unzulässig bedrängt wird. Er hat also entweder Anlass zu glauben, dass auch noch das harmloseste Verhalten gegen ihn ausgelegt wird. Oder: Er hat sich innerlich aus der Beziehung verabschiedet.

LIEBE PRO WOCHE: WIE OFT SOLL MAN SEX HABEN?

In meinem Freundeskreis kursieren die erstaunlichsten Zahlen über die Häufigkeit des ehelichen Geschlechtsverkehrs. Manche übertreiben wahrscheinlich auch ganz schön. Mich verunsichert das, ich fühle mich unter Druck gesetzt. Wie oft sollte man Sex pro Woche haben, um als Paar gelten zu dürfen, bei dem alles in Ordnung ist?

Martin, 41

Zwei Mal. Sagte zumindest Martin Luther. Zwei Mal ist auch das, was Paare im Schnitt angeben, wenn sie befragt werden, wahrscheinlich, weil sie wissen, dass Luther zwei Mal empfohlen hat.

Es gibt eine übliche Entwicklung zwischen Paaren, die sieht ungefähr so aus, dass man am Anfang dauernd Sex hat und überall, im Auto, im Fahrstuhl und an wirklich komplizierten Orten, dann sinkt die Häufigkeit und man beschränkt sich aufs Bett. Was Ihre Freunde wahrscheinlich nicht erzählen: Beinahe die Hälfte aller Sexualakte in einer Beziehung haben die Partner mit sich allein. Selbstbefriedigung ist im gesellschaftlichen Trend an die Stelle des Fremdgehens getreten.

In »Die letzte Nacht des Boris Gruschenko« sagt Woody Allen, es sei nicht die Quantität, sondern die Qualität, die zähle. »Andererseits: Wenn die Quantität unter alle acht Monate liegt, sollte man sich das auf jeden Fall mal anschauen.« Alle acht Monate wäre tatsächlich schon arg selten, es sei denn, Sie wären achtzig, dann bekämen Sie dafür einen Sexualorden.

Der Anthropologin Helen Fisher zufolge schlafen Menschen in Jäger-Sammler-Gesellschaften meistens täglich miteinander. Man kann nun endlos darüber streiten, ob daraus der Schluss zu ziehen sei, dass es uns ebenso besser täte, jeden Tag Sex zu haben – wir sind biologisch so ausgelegt, dass wir es könnten.

Da Sex ein Teamsport, nicht jedoch ein Leistungssport ist, kommt es darauf an, dass beide Partner mit Häufigkeit und Intensität des Geschlechtsverkehrs zufrieden sind, nicht die Konkurrenz im Freundeskreis. Fühlt sich einer häufig zurückgewiesen, wird das auf die Dauer zum Problem, sind aber beide ganz zufrieden mit seltenem, dafür aber innigem Sex, ist alles in bester Ordnung.

Was Ihre Freunde angeht, möchte ich an einen alten Witz von Radio Eriwan erinnern. Ein Mann fragt dort, was er tun solle, sein Bruder erzähle, er habe jeden Tag Sex mit seiner Frau. Radio Eriwan antwortet: »Erzählen Sie es einfach auch.«

RASIERTE LIEBE: MEIN FREUND HAT SEINE GENITALIEN ENTHAART

Mein Freund hat sich neulich seinen Genitalbereich rasiert. Er sagt, man mache das jetzt so. Außerdem will er, dass auch ich mich dieser Mode anpasse, obwohl ich denke, dass das eher was für ganz junge Leute ist. Was soll ich machen?

Angelika, 44

Auf dem Weg zum Sportstudio komme ich an einem Ableger der Intimrasurkette Queen of Waxing vorbei. In der Sauna kann ich mich dann davon überzeugen, dass eine Mehrheit meiner Mit-Turner dort einkehrt. Ihr Instinkt, dass die Genitalrasur eher etwas für jüngere Menschen sei, geht offenbar fehl, denn auch das Skrotum eines Sechzigjährigen glänzt dort wie ein frisch gepelltes Ei, polierte Venushügel ehemaliger Studienrätinnen für Englisch und katholische Religionslehre erleuchten noch den abgedunkeltsten Schwitzraum. Der Wunsch, untenrum wie ein elfjähriges Kind auszusehen, macht vor dem Alter keineswegs halt.

Die Homepage von Queen of Waxing hält für echte Connaisseure einen Mondkalender bereit. Die erfahrenen Epilierer erklären dazu, dass bei Neumond die Haare feiner wachsen, bei zunehmendem Mond die Schmerzempfindlichkeit abnimmt, der Vollmond die beste Zeit für ein Peeling ist und bei abnehmendem Mond die Haare langsamer wachsen.

Die begnadeten Enthaarer sind jedoch nicht nur Esoteriker, sondern auch Genetiker: »Durch regelmäßige Anwendung ist davon auszugehen, dass sich die Haardichte verringert und die Haare weicher werden«, beschwören sie eine Revolution in der Erbgutlehre, die bisher davon ausging, dass Haare eben so sind, wie man mit ihnen geboren wurde.

Es wird zu viel über Schamhaare geredet, vor allem wird zu viel über Schamhaare geschrieben. Infantilisierung! Uniformisierung! Fetischisierung! Große Worte für ein paar sich kräuselnde Haare.

Schamhaare kann man färben, zu einem Tannenbaum rasieren, man kann sie ausreißen oder Extensions drantackern. Hat es alles schon gegeben, die Venus von Botticelli hat eindeutig rasierte Leisten. Es ist eben eine Mode, die ihren Zenit in Wahrheit bereits überschritten hat, Ihr Freund ist da so wenig auf dem Laufenden wie die fröhlichen Greise in meiner Sauna. Die bekanntesten Pornodarstellerinnen schwören längst wieder auf klassische Bewaldung. Unterstreicht die Individualität – ein Killerargument.

Wenn Ihr Freund sich nun wünscht, dass Sie sich auch mal rasieren – warum denn nicht? Wächst ja alles nach. Man muss nicht jeden Blödsinn mitmachen, man muss aber auch nicht jeden Blödsinn zu einer Frage des Prinzips erklären. Sollten Sie es probieren – achten Sie darauf, dass Sie es bei zunehmendem Mond tun.

ZUG-UM-ZUG-LIEBE: MUSS MAN SICH AUF KOMPROMISSE EINLASSEN?

Ich bin Kompromisse leid. Ab jetzt alles, so wie ich es will, oder gar nicht.

Margarete, 42

Meine Frau und ich haben eine Katze und ein Kaninchen. Die Katze ist eher das Tier meiner Frau, das Kaninchen eher meins.

Ich würde gern nachts die Katze wegsperren, weil ich Schlaf für wichtig halte. Meine Frau beäugt misstrauisch die Toilettengewohnheiten des Kaninchens, das kurz einmal stubenrein war, diese Fähigkeit dann aber wieder vergessen hat, und spricht sich daher dafür aus, es die meiste Zeit im Käfig zu belassen.

So standen wir uns also vor fünf Jahren gegenüber, sie als Schutzbefohlene einer Babykatze, ich verantwortlich dafür, dass das schon etwas reifere Kaninchen genügend Auslauf hatte.

Kam ich in das Arbeitszimmer, wo der Kaninchenkäfig steht, fand ich das Nagergefängnis stets verschlossen vor, ich rächte mich, indem ich die sich heftig wehrende und laut protestierende Katze nachts verbannte und die Tür hinter ihr schloss. Nacht für Nacht sagte meine Frau: »Aber hörst du sie nicht schreien?«, worauf ich auf das anklagend schauende Kaninchen verwies und sie darauf aufmerksam machte, was Kaninchenratgeber schreiben: »Kaninchen leiden still.«

Die Monate vergingen, wurden zu Jahren, ich schlief gut, die Wohnung war sauber, und doch ließ sich das Weiterbestehen des Konflikts nicht leugnen. Das Kaninchen schaute sehnsüchtig der Katze hinterher, die Katze starrte auf einen Punkt auf meiner Brust, dem nur sie eine Bedeutung beimaß, den sie jedoch morgens zu gern mit ihren tapsigen Pfoten bearbeitet hätte. (Sie hält ausgerechnet mich für ihre Mutter, weshalb sie es bei mir mit Milchtreten versucht.)

Das Kaninchen hatte schließlich genug und drohte zu sterben. Meine Frau ließ als eine letzte Geste ab und an den Käfig offen, ich tat so, als hätte ich vergessen, die Katze wegzusperren.

Das Kaninchen starb nicht, die Regeln blieben gelockert.

Die Katze weckt mich nun jeden Morgen zwischen fünf und sechs mit der eisernen Entschlossenheit des Raubtiers. Sie brummt, trampelt auf dem Punkt auf meiner Brust herum, sie ist wach.

Das cuniculus hinterlässt zwischen seinem Käfig, der nun seine eigentliche Funktion vollends eingebüßt hat, und dem Katzenklo, in dem es sich gern aufhält, weil es sich für eine Katze hält, eine Köttelschneise, die aussieht, als beherbergten wir ein Wildschweinrudel.

Was wir durch den Kompromiss erreicht haben, das ist ein Desaster. Die Hygiene, mein Schlaf – alles im Eimer.

Und doch hat auf seltsame Art jeder, was er wollte. Jeder gibt auf, alle gewinnen.

UNTERBROCHENE LIEBE:
MEIN MANN LÄSST MICH NIE AUSREDEN

Mein Mann unterbricht mich ständig. Ich habe eigentlich keinen Grund anzunehmen, dass er auf meine Meinung nichts gibt, es ist bloß oft so, als würde er gar nicht recht zuhören. Besonders vor Leuten ist mir das unangenehm. Wenn ich ihn unter vier Augen darauf anspreche, weiß er gar nicht, wovon ich rede. Natürlich nicht, er hat ja vermutlich gar nicht zugehört.

Diana, 38

In Familien gibt es einen Aufmerksamkeitsdarwinismus. Es ist im Grunde wie in Talkshows – gehört wird, wer stur weiterredet. Dort bleibt dem Unterbrochenen meist nur, auf eine erneute Einladung zu hoffen. Oder er sagt den berüchtigten Politikersatz: »Lassen Sie mich bitte ausreden.«

Ist nun ein Paar auf einer Party, und der eine Teil sagt zum anderen: »Lass mich bitte ausreden!«, dann fühlen sich die anderen Gäste nicht ganz zu Unrecht wie Maybrit Illner, mit anderen Worten: Die anderen Gäste werden unfreiwillig zu Zeugen eines längst ritualisierten, für alle Parteien unendlich Nerven kostenden Konflikts, der von einer Lösung so weit entfernt ist wie Jogi Löw von grauen Haaren.

Jeder Mensch hat ein bestimmtes Maß an Mitteilungsbedürfnis. Waldemar Hartmann hat ein höheres als Angela Merkel, Mario Barth ein höheres als Angela Merkel, und es wird mir auch beim dritten Vergleich niemand anderes einfallen als Angela Merkel, denn es gibt ansonsten keine Medienfiguren, die gerne nichts sagen: Günther Jauch hat ein größeres Mitteilungsbedürfnis als Angela Merkel. Aber vielleicht nicht als Günter Grass.

Wenn man nun nicht Angela Merkel ist, wird bei diesem Mitteilungsbedürfnis Gesprächskram anfallen, der nicht unbedingt von Bibliothekaren verwahrt werden muss. Geplapper, Gerede, Gejammer, Geblödel. Manchmal redet man eben einfach so vor sich hin, man versichert sich, dass man noch da ist und zwischendurch keinen Schlaganfall hatte. Nicht jeder Satz, den man ausspricht, ist von Wittgensteinscher Gewichtigkeit.

Muss man also, wenn der andere gerade laut darüber nachdenkt, ob die S-Bahn wohl ganz durchfährt oder, weil Feiertag ist, und ist überhaupt Feiertag, denn der ist doch katholisch und ist nicht Berlin eher protestant… und kann man das überhaupt sagen, glaubt ja sowieso niemand mehr, andererseits verkauft sich ja dieser Talkmaster so gut mit seinem Wanderbuch – muss man da allen Ernstes hellwach für eine theologische Debatte bereitstehen?

Vereinbaren Sie doch ein Codewort, durch das Sie sicherstellen können, dass er die allerwichtigsten Dinge mitbekommt, Schwangerschaft und dergleichen. Und ansonsten unterbrechen Sie zurück und nennen Ihre Beziehung von nun an: lebhaft oder mediterran.

UNKOOPERATIVE LIEBE: MEIN FREUND STIMMT SEINE ENTSCHEIDUNGEN NICHT MIT MIR AB

Mein Freund wird sein BWL-Studium nicht beenden und stattdessen eine Tischlerlehre beginnen. Das hat er beschlossen, ohne mit mir zu sprechen. Nun haben wir, da wir beide aus wohlhabenden Familien stammen, auch schon als Studenten einen doch recht gehobenen Lebensstandard, den ich auch später im Leben nicht missen will. Als Tischler wird mein Freund ihn nicht finanzieren können.

Ilsa, 23

Eine Bekannte von mir ist Künstlerin. Ihr Mann wünschte sich zu seinem Geburtstag einen Meisenkasten, also baute sie in wochenlanger Kleinarbeit einen wirklich beeindruckenden Meisenkasten. Wenn ich mich recht erinnere, war er im Bauhausstil gehalten, von kühler Eleganz und aus erlesenen Materialien. Ihr war ein Haus gelungen, in das sie selbst gerne eingezogen wäre.

Meisen jedoch haben zwar bescheidene, doch einigermaßen spezifische Bedürfnisse, was ihre Behausung angeht. Das Einflugloch muss genau so groß sein, dass sie gerade dort hindurchpassen. Wäre es kleiner, müssten sie draußen bleiben, wäre es größer, würden Fressfeinde hineinpassen. Es wäre nicht völlig falsch zu sagen, dass eine Meise im Grunde bei ihrer Wohnung exakt nur das interessiert: Wie groß ist das Einflugloch?

Die Größe des Einfluglochs jedoch hatte bei den Erwägungen der Künstlerin nicht die geringste Rolle gespielt. Es sollte schließlich ein Geschenk sein, das ihrer würdig war, eben elegant und speziell, nicht einfach von schnödem Nutzwert. Sich mit Einfluglochgrößen zu beschäftigen, das wäre ihr vorgekommen, als wären ihr von ihrem Mann statt Blumensträußen Topfpflanzen geschenkt worden.

Nun: Der Mann konnte mit dem unpraktischen Meisenhäuschen nichts anfangen und war erzürnt. Die Ehe ist mittlerweile geschieden.

Auch wenn ein Zusammenhang zwischen Häuschen und Trennung vermutlich gar nicht besteht, so ist doch der auf das Geschenk folgende Streit exemplarisch gewesen für die Ehe der beiden. Es geht eben manchmal nicht darum, wie toll man etwas kann, sondern darum, darauf zu hören, was der andere braucht.

Müsste nun also Ihr Freund darauf achten, was Sie brauchen, nämlich einen gehobenen Lebensstil? Oder sollte Ihnen sein Bedürfnis, bei der Wahl seines Berufs seiner Berufung zu folgen, wichtiger sein als Ihr Bedürfnis nach einem gut verdienenden Mann?

Ich sagte ja bereits, dass die Meisenhäuschensituation exemplarisch für die Ehe meiner Bekannten war. Er hätte so tun können, als ob er sich freuen würde, sie hätte sich in einem Geschenk an ihn nicht selbst verwirklichen müssen. Sie und Ihr Freund sind in einer ähnlichen Situation: Er konsultiert Sie nicht bei einer derart weitreichenden Entscheidung, Sie denken nur an sich. Um es in Meisensprache zu sagen: Sie müssen beide das Einflugloch zum anderen finden.

In exakt der richtigen Größe.

KATERLIEBE:
EINSAM NACH DEM RAUSCH

Ich hatte gestern Nacht Sex in der Küche im Appartement einer Frau, deren Namen ich mir nicht merken wollte. Erfüllung ist etwas anderes. Ich komme mir vor, als hätte ich den Abgrund am Ende der Hölle gesehen. Die Angelegenheit in der Küche war nicht schlecht, aber jetzt bin ich einsam. Andererseits würde ich die Küchennächte wohl vermissen in einer Beziehung. Froh macht das nicht, da haben Sie schon recht, wenn es das ist, was Sie sagen. Was genau ist eigentlich Ihre Theorie? In einem Satz?

Garip, 29

Ein alter Strafrechtsprofessor, dessen Vorlesungen ich vor Jahren besucht habe, sagte, kurze Sätze seien eine feine Sache. Wenn man allerdings nicht gerade die Fähigkeiten eines Wittgenstein habe, dann solle man sich lieber nicht zu kurz fassen.

»Wer liebt, zweifelt an nichts oder an allem«, sagt im Glückskeksstil Honoré de Balzac. Und vergisst hinzuzufügen (Glückskekse sind schließlich kein sehr großes Gebäck), dass die Abwesenheit von Liebe durchaus auch eine Tendenz zu Fanatismus oder Nihilismus mit sich bringt.

Sie sind emotional unterzuckert. Erstens haben Sie einen Kater und Kater bringen Weltschmerz mit sich und natürlich bringt die geschlechtliche Vereinigung in der Küche mit einer Fremden nicht die große Erfüllung. Aber ist es nicht tausend Mal besser, als zu Hause zu sitzen? Gibt es nicht wenigstens einen kurzen Kick und eine anhaltende Erinnerung?

Viele Hundert euphorische Momente sind ein Wert an sich. Aber viele Hundert euphorische Momente ergeben kein Ganzes. Das muss ich Ihnen gar nicht sagen, das wissen Sie ja. Der Matrose muss irgendwann in den Hafen zurück und mit »emotional unterzuckert« meine ich genau das: Sie wissen nicht, wo der Hafen sein soll, was so ein Hafen eigentlich genau ist und ob Wellen nicht doch viel schöner sind.

Das ist nicht schlimm. Vielleicht müssen Sie erst wieder Sehnsucht entwickeln. Und dann legen Sie eben an.

Bedenken Sie bitte, dass man jemanden, den man zwischen Obstschüssel und Messerblock beschläft, anders kennenlernt als jemanden, mit dem man später einen Bausparplan teilt. Das hat weniger zu tun damit, dass man einem alten Mythos zufolge mit der Liebe seines Lebens nicht schlafen würde in der ersten Nacht. Aber mit der Liebe seines Lebens spricht man und wenn sie ihren Namen nennt, dann prüft man kurz, wie er sich anhören wird, wenn man ihn die nächsten zehntausend Morgen murmelt. Liebe ist nicht in jeder Nacht notwendig. Aber an jedem Morgen vermisst man sie.

FREIE LIEBE: ICH WILL NICHT SPIESSIG ERSCHEINEN, MÖCHTE ABER MEINE FREUNDIN NICHT VERLIEREN

Ich lebe in einer offenen Beziehung. Ich bin Musiker (zurzeit eher weniger erfolgreich), meine Freundin Autorin, und ich hatte das Gefühl, Freiheit würde uns guttun. Sie wollte erst nicht so recht, aber Monogamie und Bohème, das verträgt sich doch nicht! Nun entwickelt sich zwischen meiner Freundin und ihrem derzeitigen Liebhaber (ihrem ersten) aber eine immer intensivere Beziehung. Wir hatten sowieso wenig Zeit füreinander, jetzt sehen wir uns kaum noch. Ich will nicht als spießig erscheinen, aber ich bin doch eifersüchtig. Wie bringe ich ihr das bei?

Nicolas, 27

Für Max Frisch war ein bürgerlicher Lebensentwurf mit dem Künstlerdasein unvereinbar. Er trennte sich von seiner Familie, bezog eine Wohnung in einem Bauernhof und lebte von da an ausschließlich vom Schreiben. Wenn Sie Ihr Leben Ihrem Werk opfern wollen, dann machen Sie das. Aber geht es überhaupt um Ihr Werk? Oder hängen Sie nicht eher einer kitschigen Bohèmefantasie an, zu deren Umsetzung Sie gar nicht die Nerven haben?

Die Hippies hatten einen spirituellen Überbau und reichlich Drogen, Sie haben bloß eine unausgereifte Idee im Kopf, Ihr Selbstbild als Künstler. Als ob Liebe spießig wäre!

Andere sind tatsächlich keine leblosen Spielfiguren, dazu da, einen in seinem Selbstbild zu bestätigen. So entpuppt sich der andere Mann als selbstständiger Konkurrent, als jemand mit eigenen Ansprüchen und Bedürfnissen, die er zu erfüllen trachtet.

Eine offene Beziehung wird häufig eingesetzt als Therapie einer nicht funktionierenden Beziehung. Das muss scheitern. Die Offenheit kann nur auf tiefem Vertrauen basieren, auf einer genuin empfundenen Freude an dem Vergnügen des Partners. Wenn man sowieso keine Zeit füreinander hat, dann ist noch weniger Zeit mit ziemlicher Sicherheit nicht das richtige Rezept.

Setzen Sie dem ganzen Bullshit, den Sie verzapft haben, eine große Geste entgegen! Lernen Sie von Hollywood, die Autoren dort verstehen etwas von großen Gesten. Lassen Sie sich nassregnen, legen Sie eine größere Strecke laufend zurück und bringen Sie im Rahmen eines Hugh Grant-Stammelmonologs zum Ausdruck, dass Sie ein Idiot sind und gerne jeden Morgen neben Ihrer Freundin aufwachen, Ihre Frühstückmachkompetenzen erweitern und ein ernsthafter Musiker sein wollen. Ihr Bedürfnis nach Nähe zählt mehr als eine fixe Idee. Ihre Freundin wird Sie verstehen. In Hollywood jedenfalls ist es immer so.

UNORDENTLICHE LIEBE: STÄNDIG MUSS ICH DINGE SUCHEN, DIE MEIN FREUND VERSCHLAMPT HAT

Mein Freund ist unordentlich. Ständig muss ich Dinge suchen. Mir geht das fürchterlich auf den Wecker. Wie bekomme ich ihn dazu, das zu ändern?

Friederike, 25

Wenn meine Frau mich bittet, ihr etwas aus ihrer Handtasche zu geben, stelle ich alle Aktivitäten ein, sammele mich, nehme ein Erfrischungsgetränk und ein wenig Salz, meist in Form von einigen Chips oder Erdnüssen mit auf den Weg – und verliere meine Fassung spätestens acht Minuten später, wenn ich innerhalb der Tasche das dritte kleinere Täschchen finde. Auf den ersten Blick ist die Tasche meiner Frau eine ganz normale Tasche. Sie erinnert an den Turnbeutel, mit dem ich als Kind Hose, Hemd und Schuhe zum Sportunterricht transportiert habe. Läutete die Schulglocke zum Sportunterricht, so ging ich ohne Eile und doch ohne Unterlass in die Umkleide, zog souverän den Beutel auseinander, griff nahezu blind hinein und holte immer mit großer Präzision die drei Gegenstände heraus, die ich benötigte. Hose, Hemd und Schuhe. Es war wie Stein, Schere, Papier für mich. Kinderleicht.

Ich beherrschte Taschen, Taschen waren für mich

nicht der Rede wert, aus meinem Schulranzen zog ich ein Mathematikbuch, ein Geodreieck und einen Zirkel, wenn der Mathematiklehrer danach verlangte. Ich musste nicht einmal darüber nachdenken.

Auch erwies ich mich im Laufe meines weiteren Heranwachsens als guter Sucher. Tag für Tag verlor mein Vater seine Lesebrille, meist an Orten, an denen er gelesen hatte, also kamen in dieser Reihenfolge in Frage: die Toilette, das Schlafzimmer, das Badezimmer, die Küche, das Esszimmer, das Wohnzimmer, die Kinderzimmer. Wir wohnten in einem großzügig bemessenen Haus mit mehreren Toiletten und Badezimmern, und doch war ich keinen unlösbaren Schwierigkeiten unterworfen. Einmal im federnden Schritt das Haus durchsucht, und nach wenigen Minuten konnte ich die Lesebrille bei meinem Vater gegen ein beifälliges Nicken tauschen.

In dieser Tasche jedoch mit ihren vielen Geheimfächern finde ich nichts. Gäbe es ein Schminkunglück und meine Frau müsste im Rahmen einer Nothilfeaktion eine Germany's Next Topmodel-Delegation schminken, so bin ich sicher, dass sie in dieser Handtasche die notwendigen Instrumente dafür hat. Sie könnte auch eine Menge bürsten, wahrscheinlich ganze Pferdeställe, sie hätte Kaugummi für Fußballteams und dann noch wirklich unidentifizierbares Zeugs.

Wie die Tasche sieht meine gesamte Wohnung aus. Ich reiche die Frage zurück.

BREMSENDE LIEBE: ICH WILL NICHT ALS HAUSFRAU ENDEN

Mein Mann bremst mich. Das mag drastisch klingen, aber mittlerweile muss ich das so für mich formulieren. Als es um die Frage ging, ob ich eine Doktorarbeit schreiben soll, hat er gesagt, dass das doch unnötig sei, jetzt, da ich schwanger bin, macht er nicht die geringsten Anstalten, selber weniger zu arbeiten, es wird ziemlich unausweichlich darauf hinauslaufen, dass ich eine Hausfrau werde. Was ich nie sein wollte, nichts gegen Hausfrauen.

Hannah, 30

In einem Brief an Rainer Maria Rilke schrieb die Malerin Paula Modersohn-Becker: »Sie haben mir Wunderbarstes gegeben. Sie haben mich selber mir gegeben. Ich habe Mut bekommen. Mein Mut stand immer hinter verrammelten Toren und wusste nicht aus noch ein. Sie haben die Tore geöffnet.« Rilke selbst wird sich seines Geschenks gar nicht bewusst gewesen sein. Er wiederum sah Paula Modersohn-Becker im Grunde nur als die Ehefrau ihres Mannes, des Malers Otto Modersohn. Erst sehr spät, kurz vor ihrem Tod in jungen Jahren, erkannte er in ihr tatsächlich die Malerin. Heute gilt ihr Werk als bedeutender als das ihres Mannes.

Wie kam es also, dass Rilke etwas in Modersohn-Becker angestoßen hatte, das so bedeutend, so lebensändernd gar war, dass sie ihm noch Jahre später wie einem Lebensretter dankte? Nun, manchmal kommen die Änderungen in unserem Leben gar nicht von denen, denen wir sie zuschreiben. Da mag einmal ein Satz fallen oder ein Satz nicht fallen, da mag jemand im Weg stehen oder jemand den Weg ebnen. Aber wir sind es, die dem Satz Beachtung schenken oder gerade auf diesen Satz warten, die den Weg beschreiten oder ihn uns selbst bereiten. Ihr Mann bremst Sie, das mag sein, aber Sie lassen sich auch bremsen. Unmündigkeit ist unter den Bedingungen der Freiheit immer selbst verschuldet.

Sie sind nun schwanger und vermutlich ist Ihnen gerade nicht furchtbar kämpferisch zumute. Nutzen Sie doch diese Zeit, in der Ihnen sowieso alles erlaubt ist, ihm Ihre unbremsbare Seite zu zeigen. Lassen Sie es raus, seien Sie fordernd. Er wird Sie womöglich bald nicht mehr als jemanden sehen, den man bremsen sollte.

Denn es gibt keinen Grund, mitsamt seinem Mut vor verrammelten Toren zu stehen. Wenn Ihr Mann Sie nicht von sich aus unterstützt, dann machen Sie ihn zu Ihrem Unterstützer. Geben Sie ihm also die Chance, Sie anders zu begreifen und geben Sie ihm gleichzeitig auch die Chance, selbst eine andere Rolle zu ergreifen. Wer weiß, vielleicht schreibt er Ihnen bald Dankesbriefe.

AUFREISSENDE LIEBE: KANN MAN ERFOLG BEI FRAUEN LERNEN?

Was halten Sie von sogenannten Pickup-Artists, also Aufreiß-Künstlern? Es gibt doch eine Menge Bücher, in denen man lernen kann, wie man Erfolg hat beim anderen Geschlecht, etwa »Wie Sie jede Nacht eine andere Frau rumkriegen«. Funktioniert so etwas wirklich?

Tobias, 19

Ich glaube nicht daran. Und ich meine »glaube nicht daran« nicht im Sinne von »ich glaube nicht daran, dass man Griechenland mit einem Schuldenverzicht retten kann«. Ich meine »glaube nicht daran« im Sinne von »ich glaube nicht an Horoskope«.

Jeder Betrüger hat dasselbe Credo: Jeden Tag steht irgendwo ein Idiot auf, man muss ihn nur finden. Jeder, der die Liebe sucht, dagegen weiß, dass die Suche fast aussichtslos ist, es ist nicht die Nadel im Heuhaufen, es ist das eine Sandkorn, das er am Strand sucht.

Der, der die Liebe sucht, sucht angetrieben nur von vager Hoffnung jemanden, den er für viel zu klug und viel zu schön hält, am Ende mit ihm mitzugehen. Der Pickup-Artist sucht jemanden, der blöd genug ist, auf seine Sprüche von der Stange reinzufallen.

Allerdings ist es so: Mit jedem Kontaktversuch erhöht sich die Möglichkeit, dass es klappt. Dafür muss man allerdings kein Pickup-Artist sein, dafür reicht es, Abweisung nicht als Demütigung zu verstehen.

Was ich so mitbekomme, kommen die erfolgreichsten Kennenlerner, die ich selbst kenne, auf eine Quote etwa zwischen eins zu zehn und eins zu zwanzig. Um also aus der Gesamtlage noch einen psychischen Gewinn zu ziehen, muss der erfolgreiche Aufreißer die Niederlagen ausblenden, sonst geht er an seiner Vorgehensweise zugrunde wie Pyrrhus an seinen Siegen.

Die meisten Männer haben nicht die Nerven und sind vermutlich auch zu gemütlich, aus jedem Weggehen einen Anquatschmarathon zu machen.

Was nun die Qualität der zur Anwendung kommenden Sprüche angeht: Die müssen offenbar weder komisch noch originell sein. Es ist wie mit Werbung. Die muss auch bloß stattfinden. »Tobias, 19, da weiß man, was man hat« würde völlig reichen. Ein sehr schönes Beispiel dafür, dass die Masse es macht, ist der Dokumentarfilm »A Complete History of My Sexual Failures«. Dort versucht der Filmemacher Chris Waitt herauszufinden, was er bislang falsch gemacht hat in seinem Liebesleben. In einem Anfall von Verzweiflung isst er eine Überdosis Viagra und (obwohl es sich dabei nicht um ein Aphrodisiakum handelt) quatscht besinnungslos Frauen auf der Straße an. Das Ganze ist peinlicher als Dieter Bohlen. Und hat Erfolg. Es ist also im Grunde ganz einfach: Würde oder sexueller Erfolg. Man muss sich bloß entscheiden.

GAMMELIGE LIEBE: ICH LAUFE ZU HAUSE GERN IM SCHLABBERLOOK RUM

Mein Freund findet, ich sollte zu Hause nicht anders rumlaufen als draußen. Ich fühle mich aber wohl im Schlabberlook.

Ines, 32

Zwei Extreme sind mir in den vergangenen Jahren begegnet. Eine nahe Verwandte von mir kam einmal, ihren Freund im Gefolge, in meine Küche geschlurft. Sie trug einen pinken Schlafjogginganzug, vielleicht handelte es sich auch um einen Joggingschlafanzug, so oder so machte sie den Eindruck, als würde sie beide Tätigkeiten, das Joggen und das Schlafen, des Öfteren verknüpfen. Sie schlafwandelte also zum Kühlschrank, ihre Haare schienen eine gerade erst entdeckte Tierart zu beherbergen, auf ihrer grünen Kunststoffbrille (die Begebenheit ist einige Jahre her, ironische Brillen waren noch nicht erfunden, die Brille war genau so gemeint) waren Abdrücke von fettigen Fingern zu sehen, wahrscheinlich war sie sich zuvor durchs Haar gegangen, ihre Füße in Pantoffeln, deren Spitze ein Dackelgesicht mit Schlappohren schmückte. Sie steckte ihren Kopf in den Kühlschrank, worauf die Milch sauer wurde. Dann schaute ich mir ihren Freund an: ein Maschinenbaustudent. Grüner Pulli, rote Thermoweste, Jogginghose mit Sandalen samt schmutzfarbenen Socken. Sie hielt ihm einen Joghurtbecher hin, lächelte ihn an, er lächelte zurück und ich dachte: »Wie auch immer sie es machen, dieses Paar hat noch Sex.« Um es noch einmal deutlich zu sagen: Meine Verwandte befand sich außerhalb ihrer eigenen Wohnung.

Auf der anderen Seite des Reinlichkeitsspektrums bemühte meine Exfreundin Y morgens als Erstes ein Glätteisen. Sie vermied Stuhlgang, Krümel im Bett und an ihren Wimpern hätte ein schwuler Designstudent Ebenmäßigkeitsstudien machen können. Ich hätte sie gern einmal in einer Boxershorts herumhüpfen sehen, aber sie saß immer elegant in genau der richtigen Haltung auf dem Sofa. Sie hatte etwas von einem Königspudel.

Sie merken es vielleicht: Ich bin hin- und hergerissen. Einerseits schätze ich die Bequemlichkeit eines übergroßen Pullovers, andererseits erigiert es sich so schlecht auf Dackelpantoffeln. Machen Sie sich doch mal auf die Suche nach hübschen Zuhauseklamotten, das könnte ein Kompromiss sein. Aber ziehen Sie ruhig auch mal innerhalb der Wohnung eine Auswärtshose an, sie wohnen schließlich nicht mit Ihrem besten Kumpel zusammen.

LIEBE BEFRIEDIGEND MINUS: WARUM WERDEN FRAUEN IN MEINEM BETT NICHT LAUT?

Ich befürchte, dass ich schlecht im Bett bin. Es ist nicht gerade so, dass ich Beschwerdebriefe bekomme, aber ich habe das Gefühl, dass die Ästhetik des Ganzen nicht stimmt. Weder werden die Frauen so richtig laut wie in Filmen, noch denke ich, dass ich dabei die eleganteste Figur abgebe. Ich merke, dass ich langsam die Lust verliere, überhaupt mit jemandem ins Bett zu gehen.

Avni, 22

In einer Sendung der *ARTE*-Reihe »Durch die Nacht« vertrat der französische Pornoproduzent Pierre Woodman die Ansicht, die Erzeugung sexueller Ekstase sei eine reine Frage der Technik.

Casanova wiederum hielt die Leidenschaft für seine wichtigste Fähigkeit, und ehe ich jetzt wie ein Fußballtrainer fordere, über den Kampf zum Spiel zu finden, muss ich kurz einräumen, dass Sex meistens recht albern aussieht.

Haben Sie schon einmal eine Prügelei gesehen?

Im Audio-Kommentar zum zweiten Teil von »Bridget Jones« erzählt die Regisseurin, dass sie den Kampf zwischen Hugh Grant und seinem Rivalen Colin Firth absichtlich so inszeniert hat, wie ein Kampf zwischen zwei nicht-professionellen Schlägern nun einmal aussieht. Da werden eben nicht saubere Faustschläge platziert, die vom Stahlkinn des Opponenten stoisch ertragen werden, sondern da wird gekniffen, an Haaren gezerrt, geflohen, nachgetreten, halbherzig gerangelt. Eine Prügelei zwischen zwei normalen Männern verhält sich zu einer Kampfszene im Film ungefähr wie »Krieg der Sterne« zu »Schweine im Weltall«. Oder eben wie Sex im Kino zu unserem Sex.

Sex ist eine durch und durch unästhetische Angelegenheit, sofern es sich um Sex handelt und nicht um Kalligrafie.

Wollten wir uns nun an einer Definition des Frauenzeitschriftenbegriffs »schlecht im Bett« versuchen, dann hieße das also nach Maßgabe der Experten Woodman und Casanova: Es fehlt Ihnen an Technik und Leidenschaft. Hat man das Zweite, kommt das Erste mit der Zeit von ganz allein. Aber wie kann es um Ihre Leidenschaft bestellt sein, wenn Sie sich die ganze Zeit beobachten?

In Michel Houellebecqs postsexuellem Roman »Karte und Gebiet« heißt es: »Die Sexualität ist etwas sehr Empfindliches, es ist schwer, einen Zugang zu ihr zu finden, aber sehr leicht, darauf zu verzichten.« Gehen Sie nicht den leichten Weg der Askese. Es ist primitiv, der Freude zu entsagen aus Angst.

Wenn Sie etwas aus Filmen lernen wollen, dann doch nicht die Beleuchtung bei Sexszenen. Sondern das Heldenprinzip: Der Held riskiert alles. Und gewinnt alles. Stürzen Sie sich hinein ins Abenteuer.

VERSCHROBENE LIEBE: MEINE MÄNNER SIND SELTSAM

Ich war zwei Mal verheiratet, nein, vielmehr BIN ich jetzt zum zweiten Mal verheiratet. Aber genau wie der erste ist auch dieser Mann wieder so sonderbar. Er hat lauter Eigenheiten, die mich nicht einmal besonders stören, sie wirken nur eben so verschroben, und ich frage mich, ob es an mir liegt, dass ich mir solche merkwürdigen Männer aussuche. Oder werden sie gar durch mich sonderbar?

Grazyna, 47

Der, den wir lieben, ist immer auch sonderbar. Alle anderen, die die Supermärkte bevölkern und die Straßenbahnen, sind gleich. Ein paar von ihnen treten aus der Masse hervor und werden die, die wir anrufen, wenn wir umgezogen sind, einige werden die, die wir anrufen, wenn wir umziehen werden, aber selbst die ähneln einander noch.

Bloß dieser eine Mensch, der hat Eigenheiten, die kein anderer hat. Der wurstelt die Bettdecke so lange hin und her, bis im unteren Teil keine Daunen mehr sind, der hatte einen Vater, der ihm zum Frühstück jeden Morgen ein Ei köpfte, aber ihm verbot, es ihm gleichzutun, der weint, wenn im Fernsehen ein Tier stirbt, aber sonst nie, der freut sich, wenn im Büro etwas gelungen ist, aber so, dass nur man selbst es mitbekommt. Was für ein Mensch, eine bemerkenswerte

Sonderanfertigung der Evolution, und ausgerechnet den soll man jetzt verstehen.

Es gibt eine Phase, da freut einen das Besondere noch, da entdeckt man all die tausend Eigenheiten und hält sie noch nicht für Verschrobenheiten, sondern für einen Beleg der Stärke, Eigenständigkeit und Individualität. Da ist einem der andere noch ein Manufactum-Katalog der Liebe, das Zahnpasta-Melodiengurgeln im Bad zeugt von einem musischen Geist, die Globuli im Nachttischchen sind ein Beweis von Weltoffenheit, das Ausfüllen des Lottoscheins ein Akt des herzenswarmen Optimismus. Irgendwann glaubt man bloß, der andere sei irre, mache unerträgliche Geräusche, sei ein Eso-Spinner und ein Geldverprasser.

Eine Exfreundin sagte mir zu Beginn der Beziehung, ich sei ein Universum. Später hieß es, ich sei mir selbst genug. Schließlich war ich ihr nur noch unendlich langweilig.

Was zwischen Verehrung und Verachtung liegt, das ist der Prozess des Entliebens. Dieser Prozess kann in Sekunden vonstattengehen (und vielleicht ist die Bezeichnung »Prozess« auch gar nicht so richtig) oder in Jahren. Aufgehalten werden kann er nur, wenn überhaupt, wenn man sich eines ganz klarmacht: Der Mensch auf der anderen Seite des Küchentischs war immer so. Man hat sich bloß an ihm sattgesehen.

VERPASSTE LIEBE: ERST LIEBT SIE MICH UND ICH SIE NICHT, JETZT ICH SIE UND SIE MICH NICHT

Vor etwa einem halben Jahr hat mir eine Bekannte recht deutliche Avancen gemacht. Ich war damals aber ziemlich gestresst und auch noch nicht ganz aus einer Sache mit einer anderen raus. Nun dachte ich, wir könnten ja mal was machen, ich habe gerade mehr Zeit und eigentlich gefällt sie mir schon gut. Aber jetzt wollte sie nicht mehr! Was ist denn bitte mit den Frauen los?

Timo, 38

In seiner Biografie »Life« erzählt Keith Richards, dass er ein halbes Jahr vor der plötzlichen Berühmtheit mit den Rolling Stones keine Chance gehabt habe, mit einem Mädchen zu schlafen. »Ich hätte dafür zahlen müssen«, schreibt er.

Und auf einmal wollten alle Teenies des Landes mit ihm ins Bett. Aber warum? »Was ist es, das sie wollen?«, fragt er. »Ruhm? Geld? Oder ist es echt?«

Nun würde man angesichts der Tatsache, dass vorher nichts ging und jetzt alles, natürlich sagen: Klar, der Ruhm. Nur war es eben so, dass die Rolling Stones nicht wegen der Musik plötzlich so abgingen, sie spielten zu diesem Zeitpunkt nur Coversongs und die Akustik war Richards zufolge so schlecht, dass die Songs gar nicht zu hören waren. Die Mädchen rasteten aus, weil dort die Stones auf der Bühne standen und die Stones wurden so berühmt, weil die Mädchen bei ihrem Anblick ausrasteten. Egal, was ein halbes Jahr zuvor war, egal, dass jedes dieser Mädchen im Supermarkt an ihnen vorbeigelaufen wäre.

In den Konzertsälen Englands geschah Magie, und es ist die Magie der Liebe, die uns immer wieder perplex vor ihrem Ausgangspunkt stehen lässt. Wären die Stones ein Jahr später an den Start gegangen oder ein Jahr früher, sie wären eine Band wie tausend andere geblieben. Oder hätten sie in jedem Fall die Welt erobert? Weil sie eben die Stones waren?

Man möchte glauben, dass die eigene Besonderheit es ist, die einen durchs Leben leitet, aber es spricht nicht wenig dafür, dass das seltsame Phänomen Zeit ein wichtigerer Faktor ist als man selbst.

Man weiß, dass Partner von Menschen, die einen eineiigen Zwilling haben, diesen Zwilling nicht zwangsläufig attraktiv finden. Ebenso wenig findet der Zwilling den Partner seines Mit-Zwillings anziehend. Er mag den Geschmack des Zwillings in allem teilen, er findet die Möbel, die Kleidung und die Lebensmittel gut, die der Zwilling sich leistet – die Liebe des anderen lässt ihn kalt. Weil er nicht zur rechten Zeit am rechten Ort war. Sie waren zwar da, aber nicht ganz bei der Sache. Die Fans waren da, die Stones spielten, nur die Magie, die fehlte.

AUSSCHLIESSLICHE LIEBE:
ICH WILL NICHT TREU SEIN MÜSSEN

Ich heirate diesen Sommer. Aus Liebe und Überzeugung. Eine Sache quält mich allerdings: Ich habe es in der Vergangenheit genossen, hin und wieder mit anderen Frauen zu schlafen. Meine Freundin und ich sind uns einig, dass das dann vorbei ist, dass wir uns treu sein sollten. Ich weiß nicht, ob ich das kann und möchte.

Daniel, 36

Nur zur Klarstellung: Ihre Freundin und Sie sind sich also nicht einig. Denn Sie wissen ja nicht, ob Sie es möchten.

Der Polyamorist Franklin Veaux hat eine Landkarte nicht-monogamer Beziehungen erstellt. Die reicht von offenen Beziehungen im Norden (»Wir können Sex mit anderen Leuten haben. Solange es bloß Sex ist. Keine Liebe«) bis zum Soft-Swingen im Südwesten (»Wir mögen Swingerclubs und öffentlichen Sex, aber haben nur Sex miteinander«), es gibt das Grenzgebiet zwischen BDSM und Polytreue (»Ich bin bisexuell, also habe ich einen Partner von jedem Geschlecht«), wo man die Spielarten, die der Partner nicht mag, mit anderen festen Partnern praktiziert. Oder mit anderen losen. Oder mit festen losen, wenn man etwa das geschlossene Gruppenswingen praktiziert. Nicht zu vergessen die Einhorn-Polyamorie, so genannt wegen ihrer Seltenheit: »Wir suchen unseren Dritten, um unsere Familie zu vervollständigen.«

Im Westen dann noch alles, was man für Geld kaufen kann (»Mein Freund steht darauf, dass ich ein Escort bin«). Unter Umständen kommt dann noch die Hundert-Meilen-Regel ins Spiel, nach der es o.k. ist, wenn man auf Geschäftsreise ins Bordell geht.

Das Schöne an dieser (hier nicht annähernd vollständig wiedergegebenen) Liste der Möglichkeiten: Alles völlig legal.

Das Blöde ist: Alle diese Modelle sind recht schwierig in die Tat umzusetzen.

Sexuelle Offenheit ist nicht das Vehikel, auf dem eine bereits lahmende Beziehung vorankommt. Alle Abweichungen von der Standard-Monogamie sind komplizierter, nicht einfacher als die Eins-zu-eins-Variante. In der Monogamie muss man bloß nicht mit anderen Leuten schlafen, beim Swingen muss man mit fremden Leuten nackt sein. Von der Frage »Erzähle ich ihr, dass die beiden Frauen gestern im Salon beide einen Trick mit ihrem Schoß machen konnten?« ganz abgesehen.

Früher, als die Männer noch Alleinversorger waren und Frauen Taschengeld bekamen, da ging man eben fremd. Fremdgehen allerdings ist eine Garantie, den Partner zu verlieren, selbst wenn der nichts davon mitbekommt. Seien Sie, in dieser Reihenfolge: ehrlich zu sich, ehrlich zu Ihrer Freundin. Gut möglich, dass Sie ganz ähnliche Sorgen hat.

VERGEBENE LIEBE:
ICH HABE EINE BEZIEHUNG ZU EINEM VERHEIRATETEN MANN

Ich habe eine Affäre mit einem verheirateten Mann. Wir haben uns das erste Mal bei einem Geschäftsessen gesehen. Ich habe ihn gefragt: Wer sind Sie? Ganz spontan. Er hat mir seine Visitenkarte gegeben, wir haben uns getroffen, und so kam eins zum anderen. Ich war in meinem Leben vielleicht zwei-, dreimal so verliebt wie in ihn, und ich weiß, diese Chemie zwischen zwei Menschen gibt es ganz, ganz selten, vielleicht nie wieder. Ihm geht es auch so, seine Ehe ist nicht glücklich, sagt er, aber wegen seiner Kinder (sechs und acht Jahre alt) will er sich nicht von seiner Frau trennen. Ich bin verzweifelt, ratlos, traurig. Hat unsere Liebe wirklich keine Chance gegen die Vernunft?

Sabine, 38

Wenn man die Liebe gegen die Vernunft in Stellung bringen will, dann hat man ein Problem. Denn Liebe versöhnt Gefühl und Verstand auf das Schönste. Wer würde schon ständig gegen sein eigenes Gehirn, gegen seine Anschauungen, seine Ideale verstoßen wollen? Liebe ist keine reine Emotion. Aber ist das, was Sie wollen, überhaupt unvernünftig? Wenn es so etwas wie zwischen Ihnen beiden nur ganz selten gibt, wenn seine Ehe nicht glücklich ist, ist es dann nicht im Gegenteil ein Gebot der Vernunft, seinem Gefühl zu folgen?

Nun: Es geht hier überhaupt nicht um Vernunft. Es geht darum, dass Ihr Liebhaber sich nicht von seiner

Frau trennen will. Dass er es wegen der Kinder nicht tun will, deuten Sie als einen Vernunftgrund, aber will er nicht vielleicht seine Kinder nicht verlassen, weil er in dieser Hinsicht einem Gefühl folgt? Dem Gefühl, seine Kinder im Stich zu lassen, dem Gefühl, nicht damit zurechtzukommen, wenn irgendwann ein anderer die Kinder erzieht, dem Gefühl, den beiden Kleinen nicht sagen zu können, dass er von nun an nicht mehr bei ihnen wohnt?

Er will sich nicht von seiner Frau trennen.

Mehr müssen Sie nicht wissen.

Für Sie bedeutet das, dass Sie nie gemeinsam in Urlaub fahren werden, kaum je zwei zusammenhängende Tage verbringen werden, Ihre letzten Jahre, in denen Sie Kinder bekommen könnten, im Wartestand verbringen. Und das, weil Sie denken, dass es so eine Chemie so furchtbar selten gebe.

Dabei gibt es gar nicht so ein schrecklich strenges Limit für Chemie, vielleicht ist man mit viel mehr Menschen seelenverwandt als man denkt. Aber wie sollte man das herausfinden, wenn man seine Monate in Beziehungen verbringt, in denen sich der andere nicht zu einem bekennt?

Liebe findet man nicht, in dem man sich an einen klammert, der einen nicht will. Das ist keine Weisheit aus der Chemie. Das stimmt bloß.

OFFENE LIEBE: SOLL ICH MEINEM FREUND SAGEN, WENN MIR IM BETT ETWAS KEINEN SPASS MACHT?

Meine Freundin hat sich kürzlich bei mir über die sexuellen Vorlieben ihres Freundes beschwert. Er bevorzugt zum Beispiel Sex von hinten, eine Stellung, die sie als unangenehm und nicht erregend empfindet. Sie will ihm das sagen – guter Sex habe doch auch mit Achtung vor dem anderen zu tun, ist ihr Argument, es käme ihr komisch und respektlos vor, ihn einfach machen zu lassen. Ich bin dagegen der Meinung, dass es zum Sex gehört, für den anderen etwas zu tun, was man selbst nicht so scharf findet. Zum Beispiel wird sich mir die Erotik eines fremden Fingers in meinem Mund nie erschließen, aber weil mein Freund Freude daran hat, lasse ich ihn das nicht spüren. Ich merke, dass mich die Entschlossenheit meiner Freundin verunsichert hat. Ist es unfair, beim Sex nicht die Wahrheit zu sagen?

Susanne, 33

Beim Sex sollte man die Konversation sowieso auf Befehle, Witze und Freundlichkeiten beschränken. Das Verkünden von Wahrheiten trifft generell auf größere Resonanz, wenn die Geschlechtsorgane verhüllt sind.

Eine Antwort auf die Frage, ob Sie oder Ihre Freundin moralisch richtig liegen, werden wir hier nicht finden. Das Spannungsfeld, in dem wir uns bewegen, ist ja klar: Einerseits soll man Sex nicht unter Druck oder gar Zwang praktizieren, andererseits kann man für seinen

Partner auch einmal etwas machen, das einem unangenehm ist. Eine pauschale Grenzziehung ist da eher nicht möglich.

Um jedoch im individuellen Fall dennoch Grenzen ziehen zu können, bedarf es Grenzziehungsverhandlungen. Und die sogenannte Verhandlungsmoral ist momentan der Stand der Dinge in Sachen Beziehungsmoral. Zwei Partner handeln miteinander aus, was geht und was nicht. Und dafür braucht man eben Ehrlichkeit. Diese Ehrlichkeit unterscheidet von der Wahrheit, dass sie immer auch Rücksicht nimmt auf die Gefühle des anderen. Ist Wahrheit ein Bemühen um Objektivität, dann ist Ehrlichkeit die Preisgabe der eigenen Gefühle unter Berücksichtigung der Gefühle des anderen.

Wahr: »Du bist hässlich.« Ehrlich: »Du hast ein sehr schönes Kleid an.«

Fangen Sie ruhig einmal mit Ihrem Freund ein Gespräch über Sex an, wenn Sie nicht gerade beide nackt sind und reden Sie über das Finger/Mund-Verhältnis. Vielleicht hasst er es ja, die Finger abgelutscht zu bekommen, hält es aber seit neuneinhalb Wochen für Teil eines sexuellen Pflichtprogramms. Am wahrscheinlichsten ist, dass es ihm nicht so wichtig ist, Sie aber trotzdem im Gegenzug auf die Pfauenfeder und die Rutsche verzichten müssen.

ZWANGHAFTE LIEBE: ICH MUSS MEINE WAHNSINNIG ATTRAKTIVE FREUNDIN LIEBEN

Meine Freundin sieht ungeheuer gut aus, sie ist eigentlich weit außerhalb meiner Liga. Sie ist auch klug und durchaus liebenswert, allein: Ich liebe sie nicht richtig. Aber müsste ich das nicht tun? Wer weiß, ob ich noch einmal so eine Frau bekomme?

Jonas, 21

Mit dreizehn sah ich Depeche Mode im Fernsehen und merkte, dass etwas fehlte in meinem Leben. Ich beschloss, Fan zu werden. Als der ernste, sorgfältige Junge, der ich war, ging ich diese Aufgabe mit großer Gewissenhaftigkeit an. Ich befestigte Bravo-Poster der Band an den Wänden meines Kinderzimmers, schrieb »Depeche Mode« auf mein Federmäppchen und zog mir schwarze Lederhandschuhe an, mit denen ich dann vor dem Spiegel im Schlafzimmer meiner Eltern Posen einnahm, die irgendwo zwischen Depeche Mode und einem schwulen Zorro lagen.

Im Sommer kaufte ich mir dann die Single »Never let me down again«, obwohl ich das Lied schon aus dem Radio aufgenommen hatte und rund um die Uhr spielte. Ich wollte meiner Band einen guten Charteinstieg ermöglichen.

Im Herbst kam dann endlich das lang erwartete Album »Music for the Masses«. Ich kaufte es, stürmte nach Hause, legte die Platte auf, setzte mich hin, stand noch einmal auf, um die Handschuhe anzuziehen, hörte das Album, hörte es noch einmal: nichts. Zwischen »Sacred« und »I want you now« hatte ich angefangen, mich zu langweilen. Am nächsten Tag nahm ich die Poster ab. Es fehlte wieder etwas in meinem Leben.

Man möchte schon lieben und besonders gern möchte man die prestigeträchtigen Leute lieben. Aber manchmal bekommt man sich selbst nicht überzeugt.

Ich habe nichts dadurch verloren, dass ich die Poster abgehängt habe, und auch Sie verlieren nichts, wenn Sie Ihr Leben nicht mit einer Frau verbringen, die Sie nicht lieben. Selbst dann nicht, wenn diese Frau gut aussieht. Die Liebe ist kein Schönheitswettbewerb, die Liebe ist etwas viel Komplizierteres.

Die nächste Frau in Ihrem Leben kann durchaus aussehen wie ein Brechmittel – das Schöne ist, dass Sie es nicht merken werden. Denn Liebe sorgt nicht nur sprichwörtlich für eine eingeschränkte Sicht, es ist tatsächlich wissenschaftlich bewiesen, dass man seinen Partner selbst dann außerordentlich attraktiv findet, wenn er es nach Meinung einer unabhängigen und nicht durch Geschlechtsverkehr beeindruckten Jury ganz und gar nicht ist.

Schön finden Sie also an jeder Ecke, man muss bloß nicht so genau schauen.

VERWIRRTE LIEBE: SIND WIR WIR ODER BLEIBT JEDER ICH?

Meine Frau sagt, in der Beziehung zählt nicht das ICH, sondern das WIR. Ich finde, das WIR kann nur ein gelungenes ICH+ICH sein, aber das findet sie egoistisch. Was zählt mehr, WIR oder ICH?

Joachim, 38

Betrete ich mein Sportstudio allein, dann fragt mich die Empfangsdame: »Bist du allein?« In ihrem Kopf bin ich als Paar verbucht, sieht sie mich ohne meine Frau, ist es für sie so, als sähe sie ein Wesen aus der griechischen Mythologie, vermutlich etwas in der Mitte Zerrissenes mit Drachenfüßen und Gnuschenkeln. Oder so. Mein Alleinsein, meine Existenz als Einzelperson, ist für sie eine Verspottung der Natur. Da muss man dann also mal nachfragen. Als ich vorgestern meine Frau suchte und die Empfangsdame fragte, ob sie sie gesehen hätte, antwortete sie: »Normalerweise steht ihr doch nebeneinander auf dem Laufband.«

Wie kann ich sie suchen müssen, wenn wir doch normalerweise sogar auf dem Laufband nebeneinanderstehen?! Als Paar, besonders als eines von Dauer, wird man als zweiköpfiges Monster gesehen, das ist eben so. Wie sieht es aber mit der Innenansicht einer Beziehung aus?

Wenn George Bush sagt, Gott habe ihm gesagt, er solle die Tyrannei im Irak beenden, dann heißt das selbstverständlich nichts anderes als: Ich möchte gerne die Tyrannei im Irak beenden. Genauso heißt das Wir Ihrer Frau nicht Wir, sondern Ich. Wenn Ihre Frau sagt: »Wir sollten uns ein Häuschen auf dem Land kaufen, das wäre das Beste für uns« – dann ist sie diejenige mit dem Häuserwunsch.

Der britische Literaturtheoretiker Terry Eagleton kommt in seinem Buch »Der Sinn des Lebens« zu dem Ergebnis, Liebe sei »die Art und Weise, in der wir unser individuelles Streben nach Erfüllung mit der Tatsache versöhnen, dass wir soziale Wesen sind.«

Das Ich erfährt Einschränkungen durch eine Beziehung, das lässt sich kaum vermeiden. Dauernd muss man sich abstimmen, man kann im Bett weniger krümeln und muss Rockopern mit dem Kopfhörer konsumieren, viel leiser als zuvor St. Pauli-Fan sein und man darf mit vergleichsweise wenigen Leuten schlafen. Die Ehe ist eine Kompromissveranstaltung, von einem Wir zu sprechen, in dem zwei Individuen sowieso dasselbe wollen, ist nichts anderes als eine Kriegslist Ihrer Frau.

Und doch gibt es das Wir: Das ist die Realität, die Sie sich geschaffen haben. Unsere Wohnung, unser Auto, unsere Lebensversicherung, unsere Kinder. Wir als Familie. Als du und du und du und du im Versuch, sich anzunähern.

SO LALA-LIEBE: VIELLEICHT IST MEINE BEZIEHUNG NUR NOCH GEWOHNHEIT

Meine Partnerschaft ist harmonisch und relativ unproblematisch. Wir sind nicht unglücklich in unserer Fernbeziehung, aber ich habe auch nicht das Gefühl, überglücklich zu sein. Das stört mich an sich wenig, da ich auch kein Gefühlsfeuerwerk von einer Beziehung erwarte, und es eigentlich keinen gravierenden Grund gibt, sich zu trennen. Ich habe aber die Befürchtung, die Beziehung irgendwann nur noch aus Gewöhnung zu führen, ohne das zu merken. Wann weiß ich, dass es besser ist, sich zu trennen?

Yvette, 23

Ihre Frage führt direkten Weges zu einer für mich noch viel wesentlicheren Frage: Bin ICH eigentlich überglücklich in meiner Beziehung?

Wache ich jeden Morgen neben meiner Frau auf, als hätte Gomez gerade die deutsche Nationalmannschaft zum EM-Sieg geköpft? Mache ich ihr einen Kaffee, während sie sich die Zähne putzt, und fühle mich dabei, als würde ich eine Meerjungfrau aus den Fluten des Pazifiks steigen sehen?

Ihre Frage liest sich wie diese Kontaktanzeigen, in denen Frauen schreiben, dass sie nicht aussehen wie Claudia Schiffer. Auch Angelina Jolie, Megan Fox oder meine Mutter sehen nicht aus wie Claudia Schiffer, aber

Angelina Jolie, Megan Fox und meine Mutter würden nicht darauf hinweisen.

Hinter der scheinbaren Banalität, darauf hinzuweisen, nicht auszusehen wie ein anderer Mensch, sondern wie man selbst, verbirgt sich eben ein Euphemismus. Der Leser übersetzt »Ich sehe nicht aus wie Claudia Schiffer« also folgerichtig, ohne noch weiter darüber nachzudenken, in: »Ich bin nicht einfach hässlich wie die Nacht, ich bin hässlich wie die Nacht im Licht einer Neonröhre.«

Und so fällt es mir schwer, Ihr »Ich bin nicht überglücklich« anders zu lesen als: »Es könnte mir nicht viel fader sein, wenn ich jeden Morgen einen Fels einen Berg hochzurollen hätte, der mir, einmal angekommen, wieder hinunterrollte.«

Sie haben nicht die Befürchtung, es könne sich irgendwann nur noch um Gewohnheit handeln, Sie empfinden bloß noch Gewohnheit. Wobei ich ein großer Freund der Gewohnheit bin. Es kommt halt darauf an, ob es nette oder unangenehme Gewohnheiten sind.

Sie erwarten kein Gefühlsfeuerwerk, aber überglücklich sind Sie nicht.

Irgendwo zwischen dem nicht vorhandenen Gefühlsfeuerwerk und dem Nicht-Überglücklichsein klafft eine Euphorielücke. Sie formulieren sogar so furchtbar uneuphorisch »nicht unglücklich«, »nicht überglücklich«. Machen Sie es sich selbst nicht so kompliziert und beantworten Sie sich einfach die Frage: »Bin ich glücklich?« Dabei geht es nicht um Semantik. Ob nun »zufrieden«, »glücklich« oder was auch immer. Sondern um: Möchte ich, dass es so weitergeht?

SCHLECKENDE LIEBE: MEIN FREUND MUSS MICH VOR ALLEN LEUTEN KÜSSEN

Mein Freund besteht darauf, mich in aller Öffentlichkeit abzuschlecken. Mir ist das peinlich, und ich weiß auch gar nicht, was das soll. Er dagegen fühlt sich immer extrem zurückgewiesen, wenn ich mich vor allen Leuten aus seiner Umarmung winde. Wie gehe ich damit um?

Annette, 21

Ich kann Sie gut verstehen, ich entwinde mich auch seit jeher. Ich hatte aber auch eine 96-jährige Großtante mit Bart und bin etwas verklemmt, also kein rechter Maßstab.

Wären Sie beide in der US-Armee, dann wäre die Sache klar: Dort ist Public Display of Affection (etwa: öffentliche Liebesbekundung) nämlich verboten. Genauer: Es wird deutlich davon abgeraten (strongly discouraged), was in der Sprache der Armee heißt: Wenn wir dich dabei erwischen, darfst du den Rest deiner Dienstzeit Minen suchen gehen.

Irgendwo habe ich kürzlich gelesen, jeder würde sich über den Anblick eines verliebten Paares, das händchenhaltend durch den Park flaniert, freuen, andererseits wäre es für die wenigsten ein Vergnügen, eben dieses Paar hinter einem Busch beim Geschlechtsverkehr aufzustöbern. Der Zungenkuss liegt irgendwo im Grenzgebiet zwischen Händchenhalten und Geschlechtsverkehr. Wenn der Zungenkuss allerdings heute erfunden worden wäre, würden sich vermutlich augenblicklich Bürgerinitiativen bilden, die nach seinem Verbot trachteten. Man würde es dem Internet zuschreiben, dass solche Perversionen das Licht der Welt erblicken. So aber ist es allgemein akzeptiert, mit dem Partner Speichel auszutauschen, niemand wird einschreiten, manche jedoch werden sich beschämt abwenden. Von diesen Beschämten sollten Sie sich nicht irritieren lassen. Das sind halt Leute wie ich, machen Sie unsere Neurosen nicht zu Ihren.

Entscheidend sind die Motive, die Sie beide haben, er für das Schlecken, Sie für das Herauswinden. Wenn er Sie so überdeutlich küsst, weil er Bestätigung braucht oder wenn Sie umgekehrt sich seiner schämen, dann haben Sie ein Problem, das Sie mal in Ruhe besprechen sollten. Vielleicht ist es aber bloß so, dass er ein Hund ist, während Sie eine Katze sind (was grundsätzlich auch keine ganz problemlose Paarung ist, aber auch schon funktioniert haben soll). Dann können Sie vor dem Weggehen würfeln, ob Sie heute ein Hunde- oder ein Katzenpaar sein wollen. Sehen Sie: So egal ist die öffentliche Knutscherei. Zu viel Liebesbekundung ist eine lässliche Sünde. Eine etwas anstrengende, zugegeben, aber deswegen hat man ja Hunde: Sie freuen sich so schön.

PORNO-LIEBE:
MEIN FREUND DENKT BEIM ONANIEREN NICHT AN MICH

Seit vorgestern weiß ich, dass mein Freund ab und zu Pornos guckt. Es verletzt mich zutiefst, und ich habe ein richtig mieses Gefühl seitdem, das auch nicht weggeht. Er sagt mir, dass es nichts mit mir zu tun hat, unser Sex super ist, er mich liebt. Wieso benutzt er dann Pornos anstatt seiner Fantasie? Warum etwas, das für mich eigentlich nichts mit Sex (so wie ich ihn lebe) zu tun hat? Warum denkt er nicht an mich dabei?

Kerstin, 21

Es gibt viele Gründe, gegen Pornografie zu sein. Man kann finden, dass Menschen darin zum Objekt der Triebbefriedigung für andere gemacht werden, man kann die Machart beklagen, die Arbeitsbedingungen in der Pornoindustrie verurteilen, man kann sich wünschen, der Partner würde beim Masturbieren an einen selbst denken.

Fangen wir also mit der Masturbation an. Darf sie eine Rolle in der Partnerschaft spielen? Schon da gehen natürlich die Meinungen und besonders die Empfindungen auseinander. Wo jedoch Masturbation erlaubt ist, muss man sich vergegenwärtigen, dass dabei nicht nur eine mechanische Reibung stattfindet, sondern Fantasien durchgespielt werden.

Wenn Sie sich einen Urlaub am Strand vorstellen, sehen Sie sich nicht auf einem zu kleinen Liegetuch, auf Armlänge neben einem Touristen aus England, der aussieht wie Wayne Rooney und besoffen Charthits mitsingt, und zwar nur die Vokale. Sie sehen sich an einem einsamen Strand, eine Palme links, eine Palme rechts, es ist genau so warm, dass man sich von der Luft umschmeichelt, aber nicht erdrückt fühlt – Sie fahren aber doch wieder an den Strand mit dem Engländer und haben dort einen Riesenspaß.

Ist Sex mit dem Partner also wie Massentourismus? Um Himmels willen – aber kein Mensch denkt sich die Eigentümlichkeiten der Realität in seiner Fantasie dazu. Es hat noch niemand auf den Gedanken masturbiert, seinem Partner die Pickel auszudrücken, was nicht heißt, dass man diese Tätigkeit nicht liebt.

Wenn Ihr Partner nun also masturbiert und sich dabei vorstellt, wie er mit den Idealversionen Ihrer besten drei Freundinnen epochalen Geschlechtsverkehr hat – ist das wirklich beruhigender als eine bereits von anderen vorproduzierte Fantasie zu nutzen?

Aber wieso denkt er nicht an Sie? Weil Sie nicht nur ein Bild sind. Sie sind Bewegung, Geruch, Klang, Sanftheit, Wärme, Liebe. An Sie bloß zu denken, das wäre nur Ersatzbefriedigung. Zu einer eigenen, nur einem selbst gehörenden Sexualität wird Masturbation also nur, wenn man sie von dem Gedanken an den Partner löst. Es wird Ihnen nichts genommen und Sie werden nicht etwa in der Fantasie betrogen – Sie finden in dem durch nichts zu überbietenden Raum der Wirklichkeit statt.

WIE ES AUFHÖRT

HIN UND HER-LIEBE: MEIN FREUND IST WIEDER MIT SEINER FRAU ZUSAMMENGEZOGEN

Ich bin seit gut acht Monaten mit einem Mann zusammen. Zunächst hat er seine Frau für mich verlassen, dann war ich ihm zu unabhängig. Während ich meist meinen Kopf durchsetze, ist sie ganz anders. Sie richtet sich in allem nach ihm. Und so entschloss er sich im April, sie zurück in die Wohnung zu holen. Sie weiß auch von mir.

Dass wir uns weiterhin regelmäßig jeden Tag sehen, miteinander schlafen und wann immer es geht zusammen unterwegs sind, weiß sie nicht. Aber warum trennt er sich nicht von ihr?

Zumal es immer schwieriger wird, da sie nun auch noch verlangt, dass er ihr die Telefonrechnungen vorlegt, was er nicht kann, da dort tausend Mal meine Nummer auftaucht. Wird er jemals den Mut aufbringen, den entscheidenden Schritt zu tun?

Heike, 32

Was wissen wir von der Frau, die Sie für Ihre Konkurrentin halten?

Erstens: Sie macht, was er will. Weshalb er Ihnen nicht recht vertrauen kann und befürchten muss, Sie könnten ihn verlassen. Zweitens: Sie verlangt von ihm, dass er ihr die Telefonrechnung vorlegt. Sie macht also, was er will, und nebenbei zwingt sie ihn, Rechenschaft abzulegen, als sei er ein in ihrem Haushalt wohnender Teenager.

Da stimmt etwas nicht. Nicht einmal meine Katze würde auf so eine Nummer reinfallen. Und die jagt den halben Tag Flaschenstöpseln hinterher. Die erste Fehleinschätzung, die Sie haben, findet sich in Ihrem ersten Satz. Richtig müsste dieser lauten: Ich möchte seit acht Monaten mit einem Mann zusammen sein, aber der trennt sich nicht von seiner Frau. Alles, was danach kommt, ist nur Rauschen, Quatsch, höherer Unfug, Selbstbetrug und bereitwilliges Abnicken von Ausreden, die man wahnsinnig gerne glauben würde, was nur deshalb kaum gelingt, weil ein winziger Rest von Verstand laut schreiend durch das von allen guten Geistern verlassene Gehirn randaliert und immer wieder ruft: »Kann mal irgendjemand Heike sagen, dass sie einen an der Waffel hat?«

Eine Beziehung besteht nicht zuletzt daraus, dass zwei Menschen beschließen, eine Beziehung zu führen. Das ist bei Ihnen nicht der Fall.

»Die Liebe, die Liebe ist eine Himmelsmacht!«, heißt es im Zigeunerbaron. Warum »Himmelsmacht«? Warum nicht: »Magengrummeln« oder »eine Art von Flatulenz«? Weil man nämlich, wenn man liebt, sich fühlt, als hätte Jahwe persönlich aus seiner Wolke heraus gesagt: »Nun geh mal schön und mach. Und dreh dich ja nicht um, sonst setzt es was!« Weil Liebe eben nicht heißt: Vielleicht gefällt mir eben doch die andere besser, weil sie so gehorsam ist, oder schickere Brüste hat oder eine kuscheligere Schambehaarung. Weil Liebe recht eindeutig ist.

ZYNISCHE LIEBE: MEIN FREUND MACHT SICH ÜBER MEINE WUNDEN PUNKTE LUSTIG

Ich lebe seit sieben Jahren mit einem fünf Jahre älteren Mann zusammen, unsere Beziehung erlebe ich zumeist als recht harmonisch. Von Zeit zu Zeit jedoch verhöhnt er meine wunden Punkte, ist zynisch und sarkastisch, selbst wenn ich ihm sage, dass ich momentan keinen anderen Ausweg sehe, als mich zu trennen.

Ich glaube nicht mehr richtig an uns, aber ich kann doch nicht so leichtfertig sieben Jahre Beziehung in die Tonne treten.

Marion, 44

Hagen von Tronje überredet Kriemhild, ihm die verwundbare Stelle von Siegfried zu verraten, unter dem Vorwand, dass er Siegfried dann besser beschützen könne. Kriemhild erzählt Hagen, dass ein Lindenblatt, als Siegfried im Drachenblut badete, eine Stelle an seinem Rücken so bedeckte, dass diese nicht durch das Blut des Drachen gehärtet werden konnte. Kriemhild näht ein Kreuz an die Stelle, Hagen nutzt dieses Kreuz, um mit seinem Speer Siegfried zu ermorden.

Sie können Ihrem Freund nicht vertrauen. Was immer Sie ihm sagen, kann gegen Sie gewendet werden. Dem anderen die Wunden zu zeigen, das ist ein wesentlicher Aspekt einer Beziehung. Man zeigt sie ihm, damit er sie beschützt und Rücksicht darauf nimmt. Ihr

Freund aber nutzt das Wissen um Ihre Wunden, gerade um im Streit einen einfachen Punktsieg zu erlangen.

Sie scheinen Ihrem Freund schon häufiger in Aussicht gestellt zu haben, sich zu trennen. Er hat daraus gelernt, dass das nicht geschieht. Die Konsequenz daraus ist, dass Sie ihm gegenüber hilflos sind, weil selbst Ihre Maximaldrohung nicht mehr verfängt.

Würde Ihr Freund körperliche statt psychischer Gewalt anwenden, dann wäre es vielleicht deutlicher, wie es um Ihre Beziehung steht. Aber auch dann bliebe ja, dass er oft so nett ist. Was überwiegt also: die Verletzungen oder die Freundlichkeiten?

Das deutlichste Zeichen für das nahende Scheitern einer Beziehung ist Verachtung. Und Verachtung ist es, die Ihr Freund für Sie zum Ausdruck bringt. Was sollte seine Haltung Ihnen gegenüber ändern? Und wenn Sie heute sagen: Jetzt habe ich so viel Zeit investiert – was sagen Sie dann in zehn Jahren?

Jetzt ist Ihr Mann 49 Jahre alt und behandelt Sie, wenn ihm danach ist, wie seinen Fußabtreter. Wird er mit sechzig plötzlich magisch gereift sein? Dann werden Sie siebzehn Jahre mit ihm verbracht haben und zu Recht darauf hinweisen, dass Sie ja nun furchtbar viel Zeit investiert haben.

Die Frage bei Ihnen ist nicht, ob Sie professionelle Hilfe brauchen, die Frage ist, ob es dafür nicht schon zu spät ist. Ein guter Eheberater wird Ihnen vermutlich sagen, dass es aussichtslos ist, ein fantastischer wird vielleicht mit einem Ansatz, von dem ich nichts weiß, ein Wunder hinbekommen.

UMGESATTELTE LIEBE: MEINE EX IST MIT MEINEM MITBEWOHNER ZUSAMMEN

Nach ungefähr vier Monaten »Beziehungsnachgeburt mit Sex« mit meiner Ex, welche ich oftmals verletzt habe, hat sie mit meinem Mitbewohner angebandelt und ist jetzt mit ihm zusammen. Man kann sagen, dass der Übergang von mir zu meinem Mitbewohner relativ kurz war. Ich wurde sogar gefragt, ob es »o.k.« sei. Ich wollte nicht der »Arsch« sein, der was dagegen hat. Leider ist mir dann aufgefallen, dass ich sie doch noch liebe und habe es angesprochen. Die Situation hat sich nun auch nicht geändert und nach einigen Streits hat sich mein Verhältnis zu beiden verschlechtert. Der Ex habe ich sogar die Freundschaft gekündigt, weil die ganze Geschichte hauptsächlich von ihr ausging.

Casper, 23

Wenn man seinen Fernseher verkauft, dann geht man abends nicht zu dem Käufer, setzt sich neben ihn auf die Couch, nimmt vielleicht noch ein Bier aus dem Kühlschrank und schaut dann mit ihm fern. Man kauft sich selbst einen neuen Fernseher oder man fängt an, sich für bildende Kunst oder Bücher zu interessieren. Vielleicht geht man auch spazieren. Aber auf jeden Fall hat man kein Anrecht mehr auf den alten Fernseher. Sogar wenn der neue Besitzer den Fernseher gar nicht zu schätzen weiß, und sogar, wenn der neue Besitzer im Zimmer nebenan wohnt.

Nun ist, wie Sie mir hoffentlich bestätigen werden, Ihre Exfreundin kein Fernseher. Und doch laufen in ihr mehrere Programme. Das eine Programm lautet: Es soll alles immer so bleiben, wie es ist. Deswegen schläft Sie weiter mit Ihnen, obwohl Sie sie immer wieder verletzt haben. Obwohl Sie sogar getrennt sind. Aber die Trennung fühlt sich nicht gar so schmerzlich an, wenn man sie ignoriert, das sehen Sie wohl genauso, denn auch Sie haben einfach so weitergemacht.

Das andere Programm in Ihrer Exfreundin lautet: Ich muss mich in Sicherheit bringen. Da, wo Sie alles hatten, also Sex ohne die Belastung einer Frau, die Sie zu dem Zeitpunkt nicht mehr liebten, hatte sie Gefühle, die nicht erwidert wurden. Was, wenn man kein Fernseher ist, auf Dauer sehr schmerzhaft sein kann. Wenn Ihre Exfreundin vier Monate nach Ende der Beziehung mit Ihrem Mitbewohner zusammengekommen ist, dann war der Übergang doch eher relativ langwierig. So lange hat sie gebraucht, bis das zweite Programm das erste verdrängt hat. Aber das erste Programm ist stark, so stark, dass es nicht einmal zu einem Wohnungswechsel bei der Partnerwahl gereicht hat.

Bei Ihnen ist es Zeit, dass das zweite Programm startet. Ziehen Sie aus. Und übrigens: Sie lieben Ihre Exfreundin nicht plötzlich wieder. Das ist nur das erste Programm.

TRAURIGE LIEBE: ICH KOMME NICHT ÜBER DIE TRENNUNG HINWEG

Nach sieben Jahren Beziehung hat mein Freund mich verlassen. Das ist jetzt schon zwei Monate her, aber ich bin immer noch so furchtbar unglücklich. Nachts wache ich auf und denke kurz, alles wäre gut, aber es ist nicht gut, gar nichts ist gut. Ich verstehe immer noch nicht, was passiert ist und warum. Ich vermisse ihn so schrecklich und fühle mich unendlich allein.

Maja, 31

Wissen Sie, was das Problem mit der Liebe ist? Was sie uns gibt, nimmt sie uns auch wieder. Ein Satz, der im ersten Moment keinen Sinn ergibt, wenn man genauer darüber nachdenkt, Quatsch ist, aber zwischendurch recht stimmig ist. Und zwar ist es so: Man kann nicht das Gute einer Beziehung nehmen und es dann verlieren, ohne zu trauern.

Wären Sie jetzt nicht traurig, hätten Sie die letzten sieben Jahre in einer Beziehung verbracht, die Ihnen egal ist. Das wäre ja auch nichts.

Leider erkennen Arbeitgeber Trennungsschmerz nicht an und auch Freunde neigen nach einigen Wochen zu einer gewissen Erbarmungslosigkeit mit Trauerklößen, aber dennoch ist es notwendig, dass man selber anerkennt: Ich bin unglücklich. Ich esse zu viel Schokolade, ich umarme ein Kopfkissen, ich fühle mich nur noch verstanden von Radiohead und den Smashing Pumpkins: Ich bin nicht gerade in der Form meines Lebens. Es ist, wie so oft im Leben, an der Zeit, Blümchen zu zitieren: Gib mir noch Zeit. Geben Sie sich Zeit. Früher sprach man von einem Trauerjahr, das war eine Einrichtung, die es Witwen verbot, vor Ablauf eines Jahres wieder zu heiraten (damit es keine Unsicherheit gab, von wem die Kinder sind). Das ist kein fester Wert, vielleicht dauert es etwas länger, vielleicht geht es bei Ihnen schneller, aber ein Jahr Trauer für sieben Jahre Beziehung: Das ist so ungefähr der Tauschwert.

Leider gibt es keine Abkürzungen, die einen um den Trennungsschmerz herumführen. Zwar gibt es beliebte Hausmittelchen wie wahllosen Geschlechtsverkehr, Alkohol und Filme mit Hugh Grant, aber im Großen und Ganzen gilt, was Tom Hanks in »Schlaflos in Seattle« sagte: »Ich werde aufstehen, und zwar jeden Morgen. Und ich werde ein- und ausatmen, den ganzen Tag lang. Und dann, nach einer Weile, werde ich mich nicht mehr daran erinnern müssen, jeden Morgen aufzustehen und ein- und auszuatmen.« Habe ich Ihnen gerade gesagt, dass Zeit alle Wunden heilt? Ja, und es tut mir auch leid. Aber Sie werden mir irgendwann recht geben, spätestens in einem Jahr.

ALTE LIEBE: WIE GEHE ICH MIT WIEDERENTDECKTEN LIEBESBRIEFEN UM?

Vor Kurzem fand ich zufällig die Liebesbriefe einer Exfreundin, in die ich als Abiturient rasend verliebt war. Die Beziehung dauerte damals kein Jahr, aber sie hinterließ tiefe Spuren. Der ganze Wahnsinn dieser wenigen Monate wurde beim Lesen wieder lebendig. Ich wollte die Briefe (und damit die ganze schmerzliche Vergangenheit) erst vernichten, dann hatte ich die Idee, alle Briefe in einem Päckchen an sie zu schicken und eine kurze Notiz beizulegen.

Ich bin sehr glücklich verheiratet und doch beschäftigt mich gerade vor allem die Frage: Vernichten oder an die Urheberin zurückschicken?

Wolfgang, 39

Ich habe Ihnen höchstens einen Sekundenbruchteil geglaubt, dass Sie die Briefe bloß zurückschicken wollen, damit Sie sie nicht mehr haben. Sie wollen natürlich, dass Ihre Exfreundin die Briefe liest und genauso ins Wanken gerät wie Sie. Wäre ich nicht Kolumnist, sondern eine weisere Entität, etwa ein fünfzehnjähriges Mädchen, dann würde ich es mir noch etwas einfacher machen und fragen: Was rät Ihnen denn Ihre Frau?

Aber ich will nicht zu roh mit Ihnen umgehen, schließlich haben Sie gerade ein Gespenst gesehen. Gespenster entstehen durch ungeklärte Liebesgeschichten. Was wäre wenn? Wenn ich als der Mann, der ich heute bin, dieser Frau gegenüberstünde, ihr endlich gewachsen wäre?

Lassen Sie mich, bevor ich wieder zu dem Gespenst komme, einen Umweg machen und Ihre Frage beantworten: Ihr die Briefe schicken, das wäre nicht nur unhöflich, das wäre zutiefst seltsam. Und die Briefe vernichten wäre auch eine etwas zu dramatische Geste. Es sind Briefe aus einer anderen Zeit, durchaus von geschichtlichem Interesse, jedoch ausschließlich für Sie. In jeder Epoche Ihres Lebens werden Sie die Liebesbriefe, die Sie irgendwann einmal bekommen haben, mit anderen Augen lesen. Es ist mit der Liebe wie mit Goethe oder Quantenmechanik. Sie fühlt sich mit sechzig anders an als mit siebzehn. Liebesbriefe sind ein Gradmesser des inneren Zustands, deswegen sollte man sie niemals wegwerfen.

Nun zurück zu dem Gespenst: Wenn Sie jetzt glücklich verheiratet sind, dann war alles, was bisher geschah gut, weil alles, was anders gewesen wäre, dazu geführt hätte, dass Sie jetzt nicht glücklich verheiratet wären. Das habe ich in »Zurück in die Zukunft« gelernt, es stimmt aber trotzdem. Lassen Sie den Geist der verflossenen Liebe ruhen, bewahren Sie die Briefe auf und freuen Sie sich an der Gegenwart, die so schön nicht wäre, wäre die Vergangenheit nicht so schmerzlich gewesen.

VERGÄNGLICHE LIEBE: HAT LIEBE EIN ENDE?

Seit einiger Zeit beschäftigt mich etwas, worauf ich keine Antwort finde. Meine Frau und ich kennen uns seit über 25 Jahren. Wir haben zwei wunderbar gelungene Kinder und im September dieses Jahres sind wir drei Jahre verheiratet. Alles an ihr mag ich wie am ersten Tag. Ich habe Angst, dass dieses Gefühl irgendwann nicht mehr da ist. Ist Liebe vergänglich?

Rainer, 43

Irgendwann einmal habe ich gemerkt, dass ich eigentlich jede Frau, die ich irgendwann einmal geliebt habe, immer noch liebe. Was gestorben ist, das ist die Möglichkeit, mit dieser Liebe zu leben, das Gefühl selbst ist geblieben. Irgend so ein warmes, sentimentales, weihnachtliches Summen im Bauch. Es ist nur da, wenn ich an sie denke, ich denke nicht oft an sie, es tut nicht weh, es nutzt niemandem etwas, ich weiß nicht, ob es jemals irgendwelche praktischen Konsequenzen hätte.

Vielleicht ist es ein Liebesfossil, das in meinem Körper vergraben ist und Liebesforschern Auskunft geben könnte darüber, wie der Kolumnist früher mal geliebt hat.

Liebe ist auf jeden Fall langlebiger als man es ihr heute gerne andichtet. Sie kann vergehen, ja, aber viel mehr noch kann sie bestehen. Es ist möglich, auf dem

Deck eines Kreuzfahrtschiffes im Swimmingpool zu ertrinken, aber fürchten sollte man sich davor nicht.

Es ist in Ihrem Fall ganz unwahrscheinlich, dass sich noch etwas zum Schlechten ändert. Warum aber denken Sie darüber nach?

Vielleicht ist ja gerade der Gedanke »Ich könnte meinen Partner auch nicht lieben« so eine Art Grundbedingung der Liebe. Möglicherweise ist es eine Schutzvorrichtung der Evolution, die es uns ermöglicht, weiterzuexistieren, wenn der andere stirbt oder einen verlässt, vielleicht folgt die Ambivalenz auch einem Bedürfnis nach Autonomie. Das »Hach, ich bin so glücklich« sollte nicht zu einer Selbstbeschwichtigung werden.

Man kann, das ist das Großartige an der Liebe, seinen Partner im schlimmsten Streit, wenn man ihm aufrichtig an die Gurgel gehen will, sehr lieben. Liebe ist keine Geschmacksrichtung. Keine Hose könnten Sie nach 25 Jahren noch schön finden, es sei denn, Sie wären Peter Lustig.

Die längste Ehe der Welt dauerte übrigens 86 Jahre lang. (Sie wurde allerdings geschlossen, als die Eheleute fünf Jahre alt waren, es handelte sich um ein indisches Paar.) Hier feiert man nach 85 Jahren Ehe die Engelshochzeit. In der Regel begehen die Angehörigen diesen Ehrentag im Gedenken an das verstorbene Paar. Und wenn postum nicht ewig ist, dann weiß ich es auch nicht.

UNENTSCHIEDENE LIEBE: BEKANNTE ODER UNBEKANNTE?

Ich bin nun seit fast sechs Jahren mit meiner Freundin zusammen. Ich liebe sie und verbringe gerne Zeit mit ihr, jedoch fällt mir immer stärker auf, dass ich sie körperlich nicht mehr anziehend finde. Zudem gibt es ein anderes Mädchen, das mir nicht mehr aus dem Kopf geht. Ich weiß nicht, wie sie zu mir steht. Ich habe Angst davor, einen Schritt weiterzugehen, ihr vielleicht deutlich zu machen, dass ich sie sehr mag. Was, wenn sie meine Gefühle nicht teilt und sich ganz von mir abwendet? Was mache ich mit meiner Freundin?

Ich ertappe mich dabei bereits abzuwägen, wann der beste Zeitpunkt wäre, mit ihr Schluss zu machen, denn wenn das andere Mädchen nichts von mir will und ich mit meiner Freundin Schluss gemacht habe, sitze ich alleine da. Es ist so egoistisch von mir, aber die Angst davor, gänzlich allein zu sein, nach so langer Zeit, ist enorm.

Luis, 23

Die Grundlage einer Beziehung sollte sein, dass man sie nicht braucht. Nun kann sich das mit dem Alter ändern. Zwei, die miteinander eine Familie gegründet haben und eine Bausparversicherung teilen, die alle Aspekte ihres Lebens aufeinander abgestimmt haben, die haben natürlich auch neben der Liebe viele Gründe zusammenzubleiben, die fühlen sich bestimmt oft, als müssten sie.

Es steht Ihnen frei, die Gefühle, die Sie für Ihre

Freundin haben, Liebe zu nennen. Ich nenne Ihre Gefühle Bequemlichkeit, Sorge, Egoismus und Abnabelungsschwäche. Sie sind 23 und haben Angst (Angst!), ohne Freundin dazustehen. Sie würden lieber Ihre im Geiste schon wie eine alte Jeans abgelegte Freundin weiter unter Liebe abbuchen, sollte die Frau, für die Sie sich nun interessieren, nicht wollen, von der Sie aber nie wissen werden, ob sie Sie ebenfalls interessant findet, weil Sie Angst haben, sie könnte nicht wollen. Sie sonnen sich also erstens lieber in dem Gefühl, nicht allein zu sein und zweitens in dem Gefühl, die andere könnte wollen. Beide Gefühle überleben am sichersten, wenn Sie nichts machen.

Wenn man jemanden, wie Sie es nennen, liebt, dann besteht die Verpflichtung, ihn nicht als Ersatzliebelei zu behandeln. Denn so wie es jetzt läuft, ist es Ihrer Freundin gegenüber unfair, aber Sie schaden auch sich selbst. Wollen Sie noch fünf Jahre mit einer Frau zusammenleben, die Sie nicht begehren, bis … Ja, bis was? Bis sich eine andere nackt auf Ihren Schoß setzt und Sie sich sicher sein können? Und wenn die wieder weg ist?

Liebe basiert nicht auf Sicherheit oder Angst. Sondern sie trägt sich selbst. Es gibt kein Netz, also springen Sie.

HAPPYENDLOSE LIEBE: WARUM GEHT ES NIE GUT AUS?

Ich weiß manchmal nicht, ob ich dieses ganze Liebesspiel noch aushalte. Im Film ist es einfach zu Ende, und dann auch noch gut: Aber im Leben geht es doch einfach nie gut aus. Da kommt der ganze Alltag und dann ist zwar irgendwann Ende, aber nicht happy.

Judith, 27

Die gesamte Geschichte der Menschheit ist eine Geschichte nach dem Happy End. Wenigstens in der biblischen Version. Da wurden zwei füreinander gemacht, und ihr Happy End schien wirklich gleich das Ende der Geschichte zu sein. Essen war einfach so da, von Arbeit konnte keine Rede sein, Adam und Eva alterten nicht, sie standen nie miteinander im Stau zum Urlaubsort oder in der Supermarktschlange, tagsüber ritten sie auf Zebras und nachts unterhielten sie sich mit dem Löwen über vegane Vollwertkost.

Die Bibel schweigt darüber, ob dieser Zustand vier Tage oder dreißig Jahre anhielt. Sie sagt bloß, dass das Happy End irgendwann vorbei war. Auf einmal wurde alles ziemlich schwierig, die Menschheit lernte Liebe nicht mehr ohne Ende denken zu können, so wie sie Rumsitzen nicht mehr ohne Hämorrhoiden denken konnte und Austern nicht mehr ohne Sodbrennen. Leben hieß nun Arbeit und trockener Boden und Aufrüstung und Wiederaufrüstung und Nachrüstung und Furunkel und insgesamt: zu wenig.

Und Liebe hieß, dass es vorbeigeht, dass dem gerade noch saftigen Hintern erst der Saft ausgeht und dann bloß noch ein Arsch bleibt, dass die Rechnungen zuverlässiger kommen als die Liebespartner, dass die Haare der Liebsten erst grau werden und dann so dünn, dass sie blau gefärbt und aufgetürmt werden müssen, dass man aufeinanderhockt und sich zu fern ist oder getrennt lebt und sich zu sehr einengt, dass es anders viel besser hätte laufen können und am Ende doch genauso.

Unser Leben nach dem Happy End: Gott mag uns nicht mehr.

Aber im Ernst: Wie viele Abende will man sich schon über vegane Vollwertkost unterhalten und dann auch noch mit Löwen? Heute hat unser Verhalten Konsequenzen, aber ein folgenloses Leben heißt eben auch, dass alles gleichgültig ist. Esse ich halt jeden Tag Pudding und lächle dich an dabei, heute, morgen und übermorgen und überüberübermorgen und fahr noch einmal Wasserski mit den befreundeten Wasserbüffeln und noch mal und noch mal und noch mal und YEAH! ein Zebraritt.

Juchhe.

Da hat man doch lieber etwas Erkenntnis und dafür den ganzen Stress, das Kribbeln und das Zittern und das Aufregen und das Trauern.

Leben!

UNVERSTÄNDLICHE LIEBE: ICH BEGREIFE NICHT, WAS MEIN FREUND MIR SAGEN WILL

Vor etwa vier Monaten habe ich einen Mann kennen- und liebengelernt – und nun macht er einen Rückzieher! Er könne meine »berechtigterweise hohe Erwartungshaltung nicht erfüllen«, sagt er. Gibt es dafür eine einfache Übersetzung, die man auch als Frau versteht?

Johanna, 49

Ganze Bibliotheken sind gefüllt mit Übersetzungshilfen für Geschlechter. Ich bin Anhänger der These, dass Frauen und Männer beide von der Erde stammen – nicht von Mars und Venus – und keine Übersetzungshilfe benötigen. Der allereinfachste und gleichzeitig Erfolg versprechendste Weg ist, den Überbringer der kryptischen Botschaft selbst zu fragen: »Was meinst du denn damit?«

Da Sie diesen Weg jedoch – vermutlich, weil Sie sich vor den Kopf gestoßen gefühlt haben oder meinen Job sichern wollen – nicht gewählt haben, machen wir jetzt gemeinsam einen Übersetzungskurs Mensch zu Mensch.

Stellen Sie sich eine Situation vor, in der Sie jemandem mitteilen, Sie könnten seine Erwartungen nicht erfüllen – wann würden Sie so etwas wohl sagen?

Es kann sich um eine Variante der »Es liegt an mir, nicht an dir«-Routine handeln: Dann wäre es einfach

Höflichkeit, die man an den Tag legt, um nicht sagen zu müssen, dass es eben doch am anderen liegt.

Ebenso möglich ist, dass man sich tatsächlich unterlegen fühlt und den anderen zwar bewundert, sich mit ihm jedoch nicht identifiziert.

Oder aber man fühlt sich den konkreten Ansprüchen an die Beziehung nicht gewachsen, sei es, dass die Telefonanruf- oder Beischlaffrequenz einen überfordert, die Häufigkeit der abgenötigten Liebesschwüre oder die Intensität der Blicke.

Die Punkte eins und zwei wären sehr schlecht, Punkt drei ein bisschen besser. Im ersten Fall hätte er sich getrennt, weil Sie ihm nicht mehr oder nicht genügend gefallen, daran werden Sie nichts ändern können. Im zweiten hätten Sie ein menschliches Wrack vor sich, das Sie erst mühsam aufpäppeln müssten, nur um dann zu merken, dass es sich einfach nicht lohnt (außerdem neigen Wracks dazu, als Erste das sinkende Schiff zu verlassen, was zwar das schiefste jemals in einem Buch abgedruckte Bild, aber trotzdem absolut richtig ist).

Im dritten Fall wären Sie ihm zwar ordentlich auf die Nerven gegangen, aber es ließe sich noch etwas machen. Finden Sie heraus, ob es sich bei dem Problem um diesen Punkt handelt. Sollte es so sein, dann versuchen Sie (sollte Ihnen daran gelegen sein), sich auf sein Tempo einzustellen. Aber nicht auf Kosten Ihrer Vorstellung von Liebe.

WARMGEHALTENE LIEBE: MEINE EX LÄSST MICH NICHT LOS

Ich habe etwa neun Jahre in einer Beziehung gelebt und meiner Freundin fiel dann auf einmal auf, dass sie mich nicht mehr liebt. Ich habe mich daraufhin von ihr getrennt, wollte alles hinter mir lassen und vergessen, aber sie hat nie richtig losgelassen und sie hält mich, glaube ich, »warm«. Wir führen eine Freundschaft, die oft im Bett landet, man verbringt den Alltag und alles miteinander. Mir gefällt das, da ich sie ja noch liebe. Aber ist das gut für mich? Ich glaube nicht. Ich komme aber nicht los.

Mathieu, 31

Ich gehe der Einfachheit halber davon aus, dass es zwischen Ihnen beiden klar ist, dass Ihre Freundin Sie nicht mehr liebt und dass es auch keinen Weg zurück mehr gibt.

Wenn einen mit dem Partner nach fast neun Jahren eine Freundschaft verbindet und man noch oft mit ihm im Bett landet, dann klingt das zunächst nach einer besseren Beziehung als die meisten Leute sie haben.

Der Psychologe Robert J. Sternberg hat die Theorie entwickelt, dass Liebe aus den Komponenten Vertrautheit, Leidenschaft und Verbindlichkeit besteht. Vertrautheit und Leidenschaft erleben Sie, was Ihnen zu Ihrem Glück fehlt, das ist die Verbindlichkeit.

Nun ist zwei von drei in der Regel keine schlechte

Sache, bloß ist die Liebe keine Blockhütte, sondern eher ein (setzen Sie hier ein kompliziertes Gebäude Ihrer Wahl ein).

Wenn Ihre Freundin/Exfreundin Ihnen sagt, sie liebe Sie nicht mehr, dann heißt das für sie nicht, dass sie nicht mehr mit Ihnen schlafen möchte, und auch nicht, dass sie nicht mehr mit Ihnen Zeit verbringen will, es heißt: Ich könnte jeden Moment weg sein (und dann gibt es keinen Sex und keine Nähe mehr). Durch die vage Hoffnung auf Liebe wird Ihnen Intimität abgepresst und das gefällt Ihnen. Wer könnte es Ihnen verübeln? Sie schlafen schließlich mit jemandem, den Sie lieben. Ihre Situation ist vergleichbar mit jemandem, der darüber zu entscheiden hat, ob er die lebenserhaltenden Maßnahmen bei einem Angehörigen abschalten soll. Es ist eine grauenhafte Situation. Sie sagen, Sie würden warmgehalten werden, aber ebenso halten Sie Ihrerseits, solange Sie nur können, den Leichnam Ihrer Beziehung warm.

Der Radiologe Carl Tanzler verliebte sich in eine Patientin, die an Tuberkulose litt und schließlich verstarb. Tanzler balsamierte die Leiche und lebte sieben Jahre mit dem toten Körper seiner Liebe. Nun ja, was heißt schon Liebe? Er war natürlich obsessiv.

An einer nicht erwiderten Liebe festzuhalten, das ist der halbe Weg zur Obsession. Und die hat, man glaubt es kaum, mit Liebe beinahe nichts zu tun. Treffen Sie also bald eine Entscheidung, warten macht die Sache nicht leichter.

LANGWEILIGE LIEBE: WARUM WERDEN MIR MÄNNER SO SCHNELL ÖDE?

Ich bin seit drei Jahren Single und ich habe keine Ahnung, wie ich einen Mann finden soll, der zu mir passt. Über Internetportale lerne ich Männer kennen, wir treffen uns, gehen essen, wir haben Sex. Das war's dann. Mein Interesse nimmt ab, die Neugierde lässt nach. Neulich hielt ich es drei Monate lang aus, drei Monate lang dachte ich, das ist er, mein Traummann. Dann begann ich wieder, mich mit ihm zu langweilen. Was ist mit mir los?

Dorit, 45

Gerade lese ich Peter Stamms Roman »Ungefähre Landschaft«, der in Norwegen spielt. Dort gibt es eine Passage, bei der ich an Ihr Problem denken musste. Es geht los mit einem Witz: Dass nämlich norwegische Männer nicht im Winter heiraten wollen, weil dann die Hochzeitsnacht drei Monate dauerte. »Man heiratete im Sommer, und im Winter ließ man sich scheiden, und dann ging man für eine Nacht mit einem anderen Mann, der sich Mühe gab.« Und jetzt kommt die entscheidende Stelle: »Nächte in einem anderen Bett, andere Hände, andere Worte, die doch immer dasselbe meinten.«

Der Mensch kommt auf die Welt, schreit, atmet, frisst, stirbt. Wenn er Glück hat, pflanzt er sich fort, und eine weitere Generation hat das Vergnügen zu schreien, zu atmen, zu fressen, zu sterben. Im Grunde immer das Gleiche, milliardenfach. Andere Hände, andere Worte.

Das kann man bedrückend finden oder beruhigend; spannend ist es nicht. Das Aufregende, das sind die winzigen Unterschiede in den Leben: Fahre ich nach Mallorca oder nach Ibiza, werde ich Bankkauffrau oder Versicherungskauffrau, schlafe ich mit Herbert oder mit Jürgen.

Wie aber kann man die Freude an diesem Aufregenden zurückgewinnen? John Travolta erzählte einmal in einem Interview, er habe in einem Taxi gesessen und sei vom Taxifahrer angeödet gewesen. Der sei ihm als der langweiligste Kerl der Welt vorgekommen. Da entschied sich Travolta, alles über ihn rauszubekommen und fragte ihn also aus. Am Ende der Fahrt erschien ihm der Fahrer als der interessanteste Mensch, der ihm je untergekommen war. Menschen sind immer dann interessant, wenn wir uns für sie interessieren. Denn nur dann kommen die winzigen Unterschiede ans Licht, dann meinen die anderen Worte wirklich etwas anderes.

Gehen Sie raus aus der Haltung des hektischen Konsumenten und werden Sie eine Art sanfte Touristin. Schauen statt Powershoppen. Fragen statt fordern. Aber werden Sie keine Scientologin.

VERWUNDETE LIEBE: ZUM FÜNFTEN MAL VERLASSEN

Meine Tochter ist 28 und gerade zum fünften Mal verlassen worden. Ich kann mir das gar nicht erklären und mache mir Sorgen, dass sie niemals zur Ruhe kommt. So etwas muss doch Wunden hinterlassen.

Ruth, 59

Was in der Geschichte der Menschheit noch ganz neu ist: Jeder hat gleich mehrere Beziehungen hinter sich.

Unsere Großeltern kannten das nicht, es prallen auch in unseren Klassikern keine Menschen aufeinander, die schon zigmal gedacht haben: So, das ist es jetzt. Noch in den frühen Fünfzigerjahren war es üblich, dass mit dem Sex auch ein Eheversprechen einherging. Heute geht mit Sex nicht einmal ein Anrufversprechen einher. Jüngere sind daher häufig seelisch verwundet, Ältere vernarbt.

Und gleichzeitig stellen wir die Ehe, indem wir sie auf Liebe basieren lassen und nicht auf Vernunfterwägungen, auf ein wackliges Fundament. Da soll also auf einmal Liebe Grund genug und Grund allein sein, und das über Jahrzehnte. Und zwar einfach so, ganz nebenbei, während man sich gleichzeitig um die Karriere kümmert, und darum besorgt ist, den Kindern eine optimale Ausbildung zu sichern, während man aufwendigen Hobbys nachgeht und sich deswegen in aller Tiefe auskennen muss mit Weinsorten oder Motorrädern oder Tennisverein-Dress-Codes.

Also: Die Spielregeln der Liebe haben sich in nicht einmal einem Menschenalter radikal gewandelt, wir wollen die tiefste Bindung zwischen zwei Menschen auf Liebe basieren lassen, obwohl diese Liebe heute im Schnitt vor der Ehe mindestens schon sechs Mal gescheitert ist: Aber wir wollen das möglichst nebenbei erledigen.

Trennungen tun weh, es tut weh, wenn einem der andere sagt, dass er bloß Casual Sex will, dass man sich mal locker machen soll, dass es doch ganz toll ist, wenn man bloß angerufen wird, wenn es ihn zwischen den Beinen juckt.

Wir brauchen tatsächlich eine völlig neue Liebeskultur, wir können nicht mit den alten Fantasien im Kopf gewappnet sein für ganz neue Spielregeln, wir haben alte Herzen und moderne Köpfe.

Aber diese Kultur kann ja Ihre Tochter nicht im Alleingang schaffen. Was sie aber kann: die Liebe wichtig nehmen. Sie muss nicht so tun, als würde das nichts bedeuten, als würde es ihr nichts ausmachen.

Wir können heute die Bindung zwischen zwei Menschen auf dem wunderbarsten Gefühl, das wir empfinden können, fußen lassen, das ist aber leider kein Geschenk, sondern ein Geschäft: Der Preis, den wir dafür bezahlen, ist eine größere Verwundbarkeit. Ein hoher Preis, aber am Ende lohnt er sich.

LERNENDE LIEBE: WAS KANN ICH AUS MEINEN TRENNUNGEN FÜR SCHLÜSSE ZIEHEN?

Meine letzten beiden Freunde haben mich betrogen. Nun bin ich seit einigen Monaten Single und habe gerade einen neuen Mann kennengelernt, der mich interessiert. Weil sie das Drama noch allzu deutlich in Erinnerung haben, warnen mich meine Freundinnen nun und fragen mich, ob ich denn gar nichts gelernt habe. Aber was soll ich gelernt haben? Dass alle Männer fremdgehen? Soll ich jetzt etwa immer solo bleiben?

Denise, 19

Ein Schüler verliebt sich in eine Schülerin, er bringt es über sich, sie anzusprechen, sie gehen miteinander ins Kino, essen Eis, sie küssen sich, es ist sein dritter und ihr sechster Kuss, sie spielen verschiedene Pettingvarianten durch und nach zweieinhalb Monaten schlafen sie zum ersten Mal miteinander. Sie hören gemeinsam Charthits, gehen in Schülerdiscos, er erzählt seinen Freunden von ihren Brüsten, sie ihren Freundinnen von seinen Briefen, er schenkt ihr zum Geburtstag Parfum und zu Weihnachten ein T-Shirt mit einem Foto, das sie gemeinsam in einem Fotoautomaten gemacht haben, ein Kettchen und eine Duftkerze, sie schenkt ihm zum Geburtstag ein Herz aus Plüsch und zu Weihnachten ein Filmposter.

Neun Monate nach dem ersten Kuss reißt sie ihm das Herz heraus, nicht das aus Plüsch, sie schläft nach einer Party mit einem Zwölftklässler, geht das ganze Wochenende nicht ans Telefon, gesteht dann, nicht einmal unter Tränen, als er sie auf dem Nachhauseweg von der Schule abfängt, und sagt, es habe keinen Sinn mehr. In den folgenden Monaten hat sie Oralverkehr mit drei seiner Klassenkameraden und küsst neun weitere Leute, darunter zwei Mädchen und einen Lehrer. Drei der vier Fakten bleiben unbestätigt.

Was soll er nun aus der Beziehung lernen? So ähnlich ist das mir passiert und ungefähr jedem, den ich kenne. Ich habe nichts daraus gelernt und ungefähr jeder, den ich kenne, auch nicht. Gott sei Dank.

In der Liebe ist es vielleicht wichtiger zu verlernen als zu lernen. Wenn man sich nicht ein wenig blind und taub stellt, wird man unangenehm realistisch. In der Realität geht jede Liebe böse aus, fragen Sie Helmut Schmidt.

Was wichtiger ist als die Realität, das ist unsere Vorstellung von Liebe. In dieser Vorstellung, da gibt es Ewigkeit und Glück und Pudding ohne Kalorien. Man soll kein Idiot sein, aber lernen, dass alle Menschen schlecht sind, das soll man auf keinen Fall. Gerade erst habe ich ein Sprichwort gelesen, das schon im alten Ägypten im Umlauf war: Man soll nicht so süß sein, dass jeder einen verschlingt, aber auch nicht so bitter, dass man ausgespuckt wird.

VERRIEGELTE LIEBE: ICH HABE NOCH DEN SCHLÜSSEL VON MEINEM EX

Mein Freund hat sich vor einem Jahr von mir getrennt. Anfangs habe ich mich darauf eingelassen, weiterhin mit ihm befreundet zu sein, weil ich ihn nicht verlieren wollte, dann aber habe ich gemerkt, dass ich es nicht kann. Nun habe ich seit einem halben Jahr den Kontakt abgebrochen, habe aber immer noch den Schlüssel von seiner Wohnung. Seitdem zerbreche ich mir den Kopf, was ich mit diesem blöden Schlüssel machen soll. Behalten? Wegwerfen? In seinen Briefkasten werfen? Ich schwanke sehr in meinen Entscheidungen. Mein Herz hängt immer noch an ihm und ich glaube, der Schlüssel spielt hier eine wichtige Rolle. Was kann ich tun?

Meriel, 29

Durch diesen Schlüssel sind Sie noch ein winziges Stück mit Ihrem Exfreund zusammen. Theoretisch könnten Sie jederzeit in seine Wohnung gehen. Ihnen ist natürlich klar, dass Sie das nicht tun würden, der Schlüssel ist eben ein metallisches »Was-wäre-wenn«, ein bärtiger Hoffnungsschimmer. (Wenn man es etwas weniger bildhaft sagen möchte: Die Schlüsselübergabe wäre eben auch noch eine Möglichkeit, ihn mal wieder zu sehen.)

Sie wissen so gut wie ich, dass der Schlüssel im Grunde egal ist. Worum es tatsächlich geht, ist: Wie können Sie Ihren Freund vergessen, wie können Sie mit ihm gleichziehen und Ihr Leben wieder selbstständig leben, wie er es auch tut?

Es gibt da eine erstaunlich einfache Antwort: Sie haben die Trennung schon geschafft. Der schwerste Part, der kalte Entzug, ist Ihnen bereits geglückt. Jetzt geht es darum, eine innere Einstellung zu der Trennung zu finden, mit der Sie leben können.

Der Psychologe Steve Duck hat eine Topografie sich auflösender Beziehungen entwickelt. Demnach ist die letzte Phase einer Trennung die sogenannte Grabpflegephase (Grave dressing). In der geht es genau darum, was Sie gerade durchzustehen haben: In der Grabpflegephase entwickelt man eine eigene Version der Geschichte, man stellt eine Neubewertung an, mit der man leben kann.

Vergessen müssen Sie ihn nicht, Sie können im Gegenteil anfangen, sich wieder an ihn zu erinnern. Sie können daran denken, wie es war, als er Ihnen den Schlüssel gegeben hat und denken: »Ja, das war damals schön. Das ist ein Teil meines Lebens. Und heute ist mein Leben anders und auch schön.« Dass Ihr Herz noch an ihm hängt, ist eine gute Sache, denn es beweist, dass Sie eins haben, was die beste Voraussetzung ist, bald wieder offen zu sein für eine neue Liebe. Denn das Schöne an der Grabpflegephase ist: Danach ist der Prozess abgeschlossen.

UNLIEBBARE LIEBE:
ICH WERDE IMMER VERLASSEN

Es ist, als sei ich unliebbar. Ich hatte noch nie eine Beziehung, die länger als ein halbes Jahr ging. Alle, ob kürzer oder länger, laufen nach einem ganz ähnlichen Schema: Nach glücklichen zwei bis vier Monaten des Verliebtseins kommt ein Punkt, an dem ich spüre, dass der andere beginnt, sich zurückzuziehen, als würde er denken: »Nein, sie ist es doch nicht.« Und erst dann merke ich, wie ich will, dass diese eher unverbindliche erste Phase definitiver wird. Dann werde nicht mehr ich danach gefragt, dass wir uns sehen können, sondern ich mache das, vielleicht zu häufig. Und genau dann beginnt es zu bröckeln und dauert nicht mehr allzu lange. Ich bekomme dann zum Abschied zu hören: »Man kommt nicht an dich heran, immer reagierst du nur, von dir selbst kommt nichts.«

Lenia, 28

Einerseits wird Ihnen vorgeworfen, von Ihnen käme nichts, andererseits sind Sie diejenige, die nach einigen Monaten immer die Initiative ergreifen muss, wenn es um Treffen geht.

Vielleicht kann man sich dem Problem nicht rein beschreibend nähern, sondern muss grundsätzlicher werden. Eigentlich kann in der Liebe nichts schiefgehen, wenn man zwei Regeln beherzigt. Man muss sich trennen, wenn es nicht mehr geht, und man muss dranbleiben, solange es noch geht. Das Problem ist bloß: Woher weiß man, ob es noch geht? Das wiederum ist ziemlich kompliziert.

In Ihrem Fall allerdings wird Ihnen die Entscheidung aus der Hand genommen, jedes Mal. Machen Sie also etwas falsch oder läuft alles ganz richtig?

Es scheint mir, als hielten Sie Ambivalenzen nicht aus. Sie nennen die ersten Monate der Verliebtheit »glücklich«, also die Phase, in der man den anderen noch gar nicht kennt, und er alles sein kann und man selbst ebenso. Die Welt steht offen, weil eben noch nichts definitiv ist, Sie sagen selbst, Sie wollten es definitiver, aber Sie meinen etwas anderes: Sie wollen die Sicherheit, dass die Verliebtheit länger anhält, dass das Glück von Dauer ist, aber eine Beziehung macht nicht glücklich, jedenfalls nicht einfach so. Es gibt Streit und der Alltag wird wieder wichtiger, man wird verglichen und erlebt Zurückweisungen, der Rausch kommt in der Realität an. Aber diesem Rausch muss kein Kater folgen, die Frage ist einfach: Kann man ohne die Euphorie des Anfangs leben? Kann man Glück aus dem nichteuphorischen Miteinander ziehen?

Sie deuten eine ganz normale Entwicklung aus Angst in einen Rückzug um, werden panisch und machen so die Beziehung unerträglich. Dann ist die Trennung tatsächlich richtig, aber wenn Sie sich Ambivalenz zutrauen, muss das nicht so sein.

WILLENLOSE LIEBE: ICH KANN MICH NICHT ENTSCHEIDEN

Bis zu dem Zeitpunkt, an dem sich eine Kollegin für mich zu interessieren begann, war ich in dem Glauben, eine glückliche Beziehung zu führen. Allerdings hatte ich mich von meiner Frau zu einem zweiten Kind überreden lassen, sie war damals gerade schwanger. Nun ist das Baby da, die leidenschaftliche Beziehung zu meiner Kollegin hält an. Sie (ebenfalls liiert) kann sich jedoch nicht für mich entscheiden. Soll ich zu meiner moralischen Verantwortung stehen und der Kinder zuliebe bei meiner Frau bleiben oder die Konsequenzen tragen und ausziehen, obwohl ich nicht weiß, wie meine Geliebte sich entscheidet?

Frank, 44

Nach einer so lange anhaltenden Phase der Lüge und des Hin und Her brauchen jetzt alle Beteiligten Klarheit. Vielleicht geht da ausnahmsweise mal der Verstand voran.

Sie dürfen auf gar keinen Fall Ihre Entscheidung von der Entscheidung Ihrer Kollegin abhängig machen. Ihre Kollegin hat keine Verantwortung für Ihr Leben, Sie können sie nicht belangen, wenn sie sich in zwei Jahren endgültig trennt.

So wankelmütig, wie sie bisher auftritt, halte ich es für nicht sehr wahrscheinlich, dass sie sich irgendwann überhaupt endgültig entscheidet. Warum sollte sie auch? Es läuft ja.

Aber es läuft doch gerade nicht, sagen Sie?

Doch. Sie haben beide, was Sie wollten. Ihr Leben ist jetzt aufregend. Vorher waren Sie zufrieden, jetzt sind Sie die Hauptfigur in einem Michael-Douglas-Film. Auf die Dauer hält das allerdings niemand aus, Sie hätten gerne die Zufriedenheit zurück, nur mit einem anderen Darstellerstab.

Und nun sagen Sie sich, dass die Entscheidung zwischen dem moralischen Beharren und dem moralischen Konsequenzenziehen zu treffen sei. So einfach ist es jedoch nicht, Sie haben moralisch ja schon vollkommen versagt. Man kann auch heute nicht seine schwangere Frau betrügen und irgendwann entscheiden: So, jetzt bin ich sauber.

Sie warten wie ein Schuljunge, was Ihre Geliebte heute auf dem Zettelchen ankreuzt, anstatt auch nur einmal zu überlegen: Liebe ich meine Familie so sehr, dass ich versuchen will, sie wieder mit aller Kraft zu lieben oder tue ich das nicht? Liebe kann man in sich finden, wenn man selber alle Störgeräusche ausblendet. Ihre Frau ist jung und hat es nicht verdient, dass Sie aus Mitleid mit ihr zusammenbleiben.

Erst bekommen Sie gegen Ihren Willen ein Kind, jetzt lassen Sie eine Fremde Ihren weiteren Weg bestimmen. Es ist aber Ihr Leben, immer sind Sie verantwortlich.

Was Sie für eine leidenschaftliche Beziehung halten, ist in Wirklichkeit eben gerade keine Beziehung, sondern eine Fantasie. Versuchen Sie es mal mit der Wirklichkeit.

UNSCHÖNE LIEBE: SEINE EX WAR ATTRAKTIVER ALS ICH

Ich bin mit meinem Freund seit fünf Jahren zusammen, seit einem Jahr sind wir Eltern. Mit seiner Exfreundin war er acht Jahre on/off zusammen. Es war eine äußerst emotionale Beziehung. Er redet nur schlecht über sie. Ich denke dennoch, er hat sie mehr geliebt, als er mich jetzt liebt. Die vielen Fotos, die er von ihr hat, hat er auf meine mehrmalige Bitte hin auf den Dachboden geräumt. Er hat innerhalb der acht Jahre mehrere Nacktbilder von ihr gemacht und in seine Wohnung gehängt, von mir keines, bis heute. Dazu kommt, dass sie fast zehn Jahre älter ist als ich, aber einen Körper hat, von dem ich selbst mit 18 nur träumen konnte.

Zwischen dem Ende seiner Beziehung zu ihr (sie hat Schluss gemacht) und dem Anfang unserer liegen wenige Wochen.

Durch einige ungeschickte Äußerungen seinerseits schneide ich im optischen Bereich in seiner Wahrnehmung deutlich schlechter ab, auch wenn er das leugnet.

Auf den Fotofilmen unserer zwei einzigen Urlaubsreisen (mit ihr waren es mehr als zehn) bin ich auf insgesamt vier Bildern drauf, von ihr gibt es ganze Alben.

Thea, 29

Jeder Mensch, dem noch nie von Fotografen oder Modedesignern Geld angeboten wurde, weiß ja im Grunde, dass es schönere Menschen als ihn gibt. Und man muss nur auf die Homepage einer lokalen Modelagentur gehen und die dortigen Models vergleichen mit denen der großen internationalen Agenturen, um zu sehen, dass die wenigsten Menschen die Schönsten sind.

Aber dann gibt es diese Art von Schönheit, die das Leben ändert, die die Gesetze von Schwerkraft, Logik und Karl Lagerfeld außer Kraft setzt, die Schönheit, die in einem Moment geboren wird und für immer anhält. Die Schönheit, die bei einem Lächeln entsteht, bei geteilter Freude, bei gemeinsamen Leiden. Wie blass sind dagegen die immer gleichen Schönsten der Schönen.

Ihr Mann entscheidet nicht mit einem Maßband, nicht mit einer Waage, Sie hätten nichts zu befürchten, bliebe nicht das Gefühl, dass er die Ex tatsächlich mehr begehrt hat.

Wäre das so schlimm? Kann er nicht früher anders begehrt haben? Und gibt es nicht die Möglichkeit, eine ruhige, freundliche, auf Vernunft basierende Beziehung zu führen?

Einen Liebesfilm, in dem der Held sich dafür entscheidet, mit der blassen Verlässlichen zu gehen, weil ihm die strahlende Wilde das Herz herausgerissen hat, den würden wir nicht einmal als Liebesfilm identifizieren. Es wäre das Vorspiel zu einem Bergman-Film.

Wenn Sie sich nicht begehrt fühlen, dann ist dieses Gefühl die Wirklichkeit. Man kann Begehren nicht einfordern, aber Ihr Mann kann sein Begehren entdecken. Und zeigen. Und das können Sie fordern.

MODERNE LIEBE: MEINE FREUNDIN IST POLYAMOR

Vor anderthalb Jahren begann ich eine Liebesbeziehung zu einer 13 Jahre jüngeren Frau, die mit ihrem kleinen Sohn und ihrem bisherigen Lebenspartner zusammenlebt. Sie sagt, sie sei polyamor und würde mehrere Männer lieben können und auch wollen. Ihr Partner und ich sind mittlerweile miteinander befreundet und respektieren uns sehr. Es war jedoch nie unsere Absicht, eine Frau zu teilen.

Sie liebt beide und will nur uns beide, wir wollen sie allein, doch allein ist sie nicht zu haben. Im Moment erwägen wir tatsächlich auch das Zusammenleben in einer Dreier-Beziehung, in der wir beide eine Frau teilen, doch gelegentlich erscheint alles auch vollkommen absurd und hilflos.

Sind wir nur blind und erkennen das aussichtslose Chaos nicht, das wir angerichtet haben, nur um es dieser schönen Frau recht zu machen? Oder sind wir dabei, eine sehr moderne, vielleicht auch zukunftsorientierte Form der Liebe, der vielleicht sogar offenen Liebe, zu leben, die auch anderen ein Beispiel sein könnte, wenn sie denn gelänge?

Niels, 48

Aussichtsloses Chaos – im Grunde ist das ja das Leben. Das Leben ist aber auch ein Tauschgeschäft. Und da schadet es nicht, sich die Geschäftsbedingungen anzuschauen. Es gibt ein Kind – hat der Kleine jetzt zwei Väter? Halten Sie sich aus der Erziehung ganz raus, erklärt Ihre Freundin den Klassenkameraden, wer wer ist? Fahren Sie ab jetzt zu viert in den Urlaub oder wechseln Sie sich ab? Haben Sie zu dritt Sex oder nacheinander? Steht Ihnen auch eine andere Liebe frei? Oder drei? Oder vier?

Zudem müssten Sie sich von Ihren bisherigen Vorstellungen von Liebe, in der zwei Menschen ein Universum bilden, außerhalb dessen es keine Anziehungskraft gibt, verabschieden. Und zwar mit ganzem Herzen.

Ein zentraler Begriff der Polyamorie ist der der Mitfreude. Gelingt es einem, die Freude, die ein anderer empfindet, zu teilen, sie gar als selbst empfunden zu erleben, so ist das Glück des anderen einem so wichtig wie das eigene. Das ist ungeheuer schwer, wenn man es nicht von Natur aus empfindet. Im Buddhismus gibt es Meditationsübungen, die es erleichtern sollen, Muditā, also die Mitfreude, erleben zu können.

Nun sagen Sie, Sie wollten das eigentlich nicht. Und doch befinden Sie sich in der Situation. Das deutet darauf hin, dass Sie für Ihr Aufgeben von Zweisamkeit etwas bekommen in dieser Frau, das es wert sein könnte.

Das Leben ist ein Witz mit der immer gleichen Pointe. Wir kennen alle die Pointe. Es kommt darauf an, wie der Witz erzählt wird. Vielleicht bekommen Sie am Ende mehr Liebe, als Sie erwartet haben.

TRÜMMERLIEBE: DIE TOCHTER MEINES EXFREUNDS HAT MEINETWEGEN KEINEN KONTAKT MEHR ZU IHM

Vor vielen Jahren liebte ich einen älteren Mann. Meinetwegen verließ er seine Frau und seine kleine Tochter, aber auch unsere Beziehung ging bald in die Brüche. Nun habe ich erfahren, dass dieser Mann seit damals seine Tochter nicht mehr gesehen hat. Seine Exfrau hatte ihm den Umgang verboten, und für die Tochter ist der Stiefvater der neue Vater geworden, der andere zahlt nur noch. Mir tut das Ganze wahnsinnig leid, ich bin selbst ein Scheidungskind und fühle mich auch irgendwie mitverantwortlich und überlege, ob ich die Tochter, die mittlerweile erwachsen ist, kontaktiere und ihr erzähle, wie das damals alles war und wie sehr ihr Vater sie liebt.

Ines, 38

Sie fühlen sich wahrscheinlich nicht zuletzt mitverantwortlich, weil Sie genau das sind: mitverantwortlich. Es könnte gut sein, dass dadurch die Erfolgsaussichten gemindert sind, aber das sollte Sie nicht abhalten, denn einem erwachsenen Menschen können Informationen zugemutet werden, selbst wenn sie sein Weltbild verändern.

Sie sollten sich allerdings genau überlegen, was Sie sagen wollen. Es geht Ihnen darum, der Tochter mitzuteilen, dass ihr leiblicher Vater sie liebt. Ihre Entgegnung darauf dürfte sein: Warum hat er mich dann allein gelassen? Schließlich schreiben Sie ja selbst, dass er seine kleine Tochter »verließ«. Elternliebe drückt sich aber nun gerade durch Da-Sein aus, nicht durch »Ich denke wirklich intensiv an dich, aber hier sind gerade Brüste und – du wirst verstehen, wenn du älter bist.«

Nein, natürlich, Sie bestehen nicht nur aus Brüsten, Ihre Liebe war rein und klar wie ein Bächlein im Naturschutzgebiet und die abgelegte Frau ist eine blöde Ziege, die von Freiheit nichts versteht. Ich spiele hier nur des Teufels Scheidungsanwalt, es gibt eine Unzahl von Motivationen und Erklärungen, Sie sollten bloß nicht den Fehler machen, irgendwelche Gefühle behaupten zu wollen, deren Existenz schwer nachweisbar sind.

Vielleicht geht es gar nicht darum, Liebe zu behaupten, vielleicht eher darum, um Verzeihung zu bitten. Vielleicht können Sie der jungen Frau erklären, dass Vergebung beiden hilft, dass Vergebung vielleicht sogar einer der wichtigsten Schlüssel zur psychischen Gesundheit ist. Die Liebe zu den Eltern ist für ein Kind teilbar, es liebt ja sowieso Vater und Mutter, vielleicht ist da noch Platz für einen zusätzlichen Vater. Mehr Familie. Ist doch schön.

SCHWARZ-WEISSE LIEBE: MEINE FREUNDIN IST SO ANDERS ALS ICH

Meine Freundin ist so anders als ich – anfangs war das toll, wie eine Befreiung. Jetzt, sieben Jahre später, fehlt mir das Ähnliche, das Vertraute, das So-ticken-wie-ich.

Hakan, 42

Beim Symbol für Yin und Yang sind beide Hälften gleich geformt. Es spiegelt die Unterschiedlichkeit wesensgleicher Aspekte. Die Unterschiedlichkeit wird durch Schwarz und Weiß gekennzeichnet, die Wesensgleichheit eben in der Identität der Form.

Die alten Taoisten haben also das männliche und das weibliche Prinzip nicht als Matratze und Schranktür oder als Schwert und Bratpfanne gemalt und auch nicht als Quadrat und Kreis. Denn: Anders ist jeder. Es reicht demnach nicht, wenn man einfach feststellt, dass der, den man zu lieben hat, anders ist. Man muss vielmehr erkennen, was das eigene Wesen ausmacht.

Leider wird man nicht mit einer Bedienungsanleitung für sich selbst geliefert. Über Jahre muss man mühsam herausfinden, wer man ist, nur um bei der ersten größeren Krise zu merken, dass man da ganz falschlag. »Wer andere kennt, ist klug. Wer sich selber kennt, ist erleuchtet«, sagen die Taoisten. Sollte man eines Tages wirklich erleuchtet sein, ist man schon so alt, dass man in der Regel längst jemanden an seiner Seite hat. Und wenn man mehr Glück hatte als Verstand, ist der so wie man selbst. Dann hat man sein Yinchen oder Yangchen gefunden, wie zwei Magnete sich finden.

Es gibt die Identifikation und die Bewunderung als Auslöser für den Wunsch, Zeit miteinander zu verbringen. Die Bewunderung ist fragiler. Oft ist sie am Anfang größer und verblasst im Angesicht der Wirklichkeit. Mit der Zeit muss der Glanz mit etwas Realem unterfüttert sein.

Nach sieben Jahren ist bei Ihnen der Glanz abgestumpft, die Sympathie für das Andere neigt sich dem Ende entgegen. Die fehlende Wesensgleichheit ist nicht leicht zu ersetzen. Doch Licht und Schatten wachsen nie gleichzeitig an. Das Helle dehnt sich auf Kosten des Dunklen aus oder umgekehrt.

Was Ihre Freundin zu wenig hat, das können Sie auszugleichen versuchen, da, wo sie zu viel hat, können Sie zurückweichen. Kann Ihre Freundin in die Beziehung eine bestimmte Farbe nicht einbringen, tut sie sich etwa schwer damit, Stimmungen zu lesen, dann seien Sie um so aufmerksamer, damit die Beziehung nicht vereist.

Sie könnten nicht fehlende Liebe ausgleichen, aber jeder kann seinen Beitrag zum Ganzen anpassen an den Beitrag des anderen.

UNDANKBARE LIEBE: MEINE FREUNDIN HAT MICH GERETTET, ABER ICH LIEBE SIE NICHT

Meine Freundin hat mich vor etwa drei Jahren aus einer schwierigen Lage gerettet. Ohne sie wäre ich in keiner Hinsicht da, wo ich heute bin. Aber ich liebe sie nicht. Es käme mir jedoch unendlich undankbar vor, sie jetzt, da es mir wieder gut geht, zu verlassen.

Rolf, 29

Eine Motte kommt in die Sprechstunde eines Podologen. Was das Problem sei, fragt der Podologe. »Wo soll ich da anfangen?«, antwortet die Motte. »Ich arbeite für Gregory Linovich und ich arbeite den ganzen Tag. Ich weiß nicht mehr, warum ich das tue. Und ich glaube, Gregory Linovich weiß gar nicht, was ich mache. Er weiß nur, dass er Macht über mich hat und das macht ihn wohl glücklich. Ich weiß es nicht. Ich wache mit einem alles überschattenden Unwohlsein auf und laufe ziellos herum.« »Ist das so?«, fragt der Podologe. »Ja. Denn wenn ich aufwache, dann liegt da eine ältere Frau neben mir, viel zu nah, eine Frau, die ich irgendwann einmal geliebt habe. Mein Sohn Gregaro Ivinolitanovitch – auch ihn liebe ich nicht mehr. So sehr es mich quält, das zu sagen: Wenn ich in seine Augen schaue, sehe ich die gleiche Feigheit, die ich erblicke, wenn mich eine Spiegelung meines eigenen Gesichts unvorbereitet erwischt.

Genau die Feigheit ist es, die verhindert, dass ich einen geladenen Revolver greife und mich aus diesem höllischen Mummenschanz verabschiede. Manchmal fühle ich mich wie eine Spinne, obwohl ich doch eine Motte bin, gefangen in meinem eigenen Netz.«

»Motte, mein Bester«, sagt der Podologe, »das ist furchtbar. Aber damit sollten Sie einen Psychiater aufsuchen. Warum um alles in der Welt kommen Sie damit zu mir?«

»Weil das Licht an war.«

In der Not sucht der Mensch, auch wenn er eine Motte ist, Hilfe an Orten, die dafür eigentlich gar nicht geeignet sind.

Ist es denn tatsächlich Dankbarkeit, mit jemandem zusammen zu sein, den man nicht liebt? Oder nicht eher Selbstüberschätzung? Selten ist man unersetzbar. Noch seltener, wenn man an der falschen Stelle ist.

Jede hätte umgekehrt an der Stelle Ihrer Freundin sein können, als es Ihnen schlecht ging. Sollte nun die Motte bei dem Podologen in die Therapie gehen? Eben.

Sie schulden Ihrer Freundin keine Beziehung, Sie müssen nicht in Ihrem eigenen Netz gefangen hängen, Sie schulden ihr Dankbarkeit, die sich in einer sauberen, freundlichen Trennung zeigt. Die ist natürlich eine Kunst für sich, die schwer zu erlernen ist. Vielleicht brennt noch irgendwo Licht.

MISSTRAUISCHE LIEBE: ICH GLAUBE, MEIN MANN BETRÜGT MICH

Ich habe seit zwei Jahren den Eindruck, dass mein Mann eine andere Frau liebt. Wir sind zusammen, seit ich 17 bin, wir haben Kinder, Enkel, ein Haus zusammen. Er kommt abends heim, schläft nie woanders, es ruft auch keine an oder schreibt Briefe, wir reden auch nicht drüber und es ist eine stille Sache. Ich habe Angst, es anzusprechen, denn offenbar will mein Mann mich auch nicht verlassen, sondern neben mir so weiterleben. Vielleicht hat er all die Angst, die Menschen in so einer Lage haben, etwa davor, wie ich reagiere. Ich weiß es auch nicht, aber ich denke jede Nacht darüber nach. Es macht mir Angst und dann wiederum hoffe ich, dass er das einfach sagt und dann ist es so. Morgens um fünf steht er auf, geht in die Küche und dann denke ich manchmal: »Ob ich nicht einfach hingehen sollte und ihn ansprechen?« Oder würde ich mir das nie verzeihen, weil ich selbst alles kaputt mache?

Linda, 52

Es wird berichtet, dass Eltern, deren Kind vermisst wird, einen Moment der Erleichterung spüren, wenn sie erfahren, was mit ihrem Kind geschehen ist. Wenn es feststeht, dass das Kind tot ist.

Wie kann das sein? Ist nicht die Nachricht vom Tod des Kindes das Furchtbarste, was einem Menschen widerfahren kann?

Und doch ist Ungewissheit über das Schicksal des

Kindes schwerer zu ertragen als sein Tod. Warum ist das so? Weil man in der Trauer handeln kann, während der Wartezeit aber wie ein Hamster in seinem Rad auf der Stelle tritt. Der Mensch braucht Handlung. Aus eben diesem Grund ist man beim Fußmarsch nicht gestresst, dreht aber im Stau durch.

Umgekehrt kennen wir doch die Situation, dass wir einen wichtigen Brief bekommen und ihn nicht öffnen, weil wir das Ergebnis fürchten. Die Wiedererlangung der Gewissheit und damit der Handlungsfähigkeit ist also etwas, das einem guttut, das man aber nicht aktiv sucht. Den Brief lässt man noch liegen, das Auto nicht stehen, die Augen, die verschließt man.

Seit 35 Jahren sind Sie ein Paar und jetzt ist dort eine Mauer. Vielleicht bilden Sie sich diese Mauer nur ein, aber in der Liebe ist die Einbildung die Wirklichkeit, der Verdacht ist der Schuldspruch.

Alles, wovor Sie sich fürchten, ist bereits geschehen. Jede Nacht geschieht es, wenn Sie es sich ausmalen. Wie er lacht mit der anderen, wie er ihr Dinge anvertraut, die er Ihnen nicht sagt, wie er Sex hat, den er so noch nie kannte. All das erleben Sie seit zwei Jahren, es würde um nichts wahrer werden durch die Bestätigung, aber Sie können aus dem Hamsterrad aussteigen.

Vielleicht sind Sie wütend, traurig, enttäuscht, wenn Sie die Wahrheit erfahren – so oder so können sie wieder handeln.

IMMERNOCHLIEBE: MEIN MANN LIEBT MICH BESTIMMT NOCH

Ich bin seit 18 Jahren mit meinem Mann verheiratet. Wir haben zwei Kinder.

Die letzten zwei Jahre liefen bei uns nicht mehr so harmonisch. Wir lebten nur nebeneinander her, redeten kaum noch miteinander und sexuell haben wir uns gegenseitig zurückgewiesen. Ich habe meinen Frust immer mehr rausgeschrien und er hat seinen in sich reingefressen. Seit Februar schlief er dann woanders, einen Monat später hat er mir gestanden, dass er eine Freundin hat.

Zur Familienberatung muss ich alleine. Er schläft jetzt einige Nächte zu Hause und einige Nächte woanders. Beim Abschied hat er oft Tränen in den Augen. Obwohl er mir erzählt, dass er im Moment so glücklicher ist. Er kommt angeblich nur wegen der Kinder, aber das glaube ich ihm nicht.

Natalina, 40

Ihr Mann hat sich von Ihnen getrennt. Folgendes deutet darauf hin: Er ist ausgezogen. Er lebt mit einer anderen Frau zusammen. Er sagt Ihnen, er sei nun glücklicher. Wenn er Sie besucht, sagt er, dies geschehe nur wegen der Kinder. Sie versuchen nun seit Februar diese Tatsache wegzuinterpretieren. Aber er schaut so, aber er weint doch, aber er ist doch erreichbar.

Sie beide sind Ihr halbes Leben zusammen. Natürlich trauert er um das, was verloren wurde, natürlich liebt er

Sie noch. Sie sind die Mutter seiner Kinder, Sie haben ihn geprägt, wie er Sie geprägt hat. Aber Sie beide haben einander aus den Augen verloren.

Zwei Jahre, die man im Unfrieden miteinander verbringt, sind eine lange Zeit. An über 700 Abenden sind Sie zu Bett gegangen ohne ein nettes Wort, haben nichts mehr geteilt mit dem anderen, sind einander fremd geworden.

Vielleicht könnten Sie wieder zueinanderfinden, aber er scheint seine Entscheidung getroffen zu haben. Er ist weitergegangen und hat den Verlust akzeptiert. Allein können Sie aber nicht um Ihre Liebe kämpfen.

Ich befürchte, dass das Einzige, was Sie lesen werden in diesem Text, diese Stelle hier ist: »Natürlich liebt er Sie noch«.

Liebe muss man leben können. Ihr Mann geht mit Ihnen nicht einmal zur Familienberatung. Es ist das eine, eine schwere Krankheit diagnostiziert zu bekommen, es ist das andere, die Therapie nicht begonnen zu haben.

Wenn Ihr Mann auf seinem neuen Weg scheitert und ihm dadurch doch noch der Gedanke kommt, es wieder mit Ihnen zu versuchen, nur dann müssen Sie sich die Frage stellen, wie es weitergehen kann.

Jetzt müssen Sie dort ankommen, wo er ist. Sie müssen aufhören, zu verdrängen, Sie müssen trauern, akzeptieren und irgendwann nach vorne schauen.

FLEISSIGE LIEBE: MEINE PAARARBEIT FUNKTIONIERT NICHT

Immer heißt es, man solle an seiner Beziehung arbeiten. Das mache ich! Einmal in der Woche setze ich mich mit meiner Frau zusammen. Der eine redet, der andere hört zu, sodass man richtig erzählen und richtig aufnehmen kann. Ich lese auch Bücher von Paartherapeuten und schaue mir mit ihr Filme an, die sie mag. Ich arbeite hart, aber es bleibt das Gefühl, zu wenig getan zu haben. Irgendetwas scheint trotzdem nicht zu stimmen.

Jochen, 45

In einer Zahnpastafabrik gab es folgendes Problem: Immer wieder kam es vor, dass die Schachteln, in denen die Tuben stecken sollten, die Fabrik ohne Tube verließen. Der Kunde jedoch erwartet Zuverlässigkeit und Zahnpasta, und so setzte der Vorstand der Fabrik einiges daran, das Problem zu lösen. Auswärtige Experten wurden engagiert, und einige Monate später hatten sie eine Lösung entwickelt: Präzisionswaagen setzten einen Alarm in Gang, woraufhin das Fließband anhalten und ein Arbeiter die leere Schachtel vom Band nehmen würde. Danach müsste der Arbeiter nur einen Schalter bedienen, und die Produktion ginge weiter.

Billig war die Lösung nicht, insgesamt hatte ihre Entwicklung einige Millionen Dollar verschlungen, aber es war zu erwarten, dass sie zuverlässig sein würde. Und tatsächlich gab es von nun an kaum noch Beschwerden; der Vorstand war zufrieden.

Als er sich jedoch die Berichte ansah, entdeckte er Erstaunliches: Statt des erwarteten Dutzend lag die Anzahl der aussortierten Schachteln pro Tag stabil bei null. Der Vorstand konnte sich dieses Phänomen nicht erklären, also suchte er die Produktionsstätten auf – und fand einen Ventilator, der dort eigentlich nicht hingehörte. Der Ventilator war einen halben Meter vor den Präzisionswaagen angebracht und blies gegen das Fließband, gerade so heftig, dass die leeren Schachteln in einen Mülleimer flogen, während die vollen Schachteln weiterruckelten. Es stellte sich heraus, dass der Arbeiter, der auserkoren war, auf den Alarm hin die leere Schachtel auszusortieren, zu faul gewesen war, bei jedem Alarm aufzustehen.

Der Urheber der Geschichte ist nicht mehr auszumachen, zunächst trug sie sich in einer japanischen Seifenfabrik zu, dann formte sie wohl ein brasilianischer Blogger um. Das Motto des Bloggers: »Lass Probleme sich selbst lösen.« Die Geschichte ist ein Lob der Cleverness, die aus Faulheit entsteht.

Wie geht das zusammen mit dem Auftrag, an seiner Beziehung zu arbeiten?

Beziehungsarbeit kann nur heißen, auf etwas achtzugeben, das im Grunde gut ist. Und dann muss man nur pusten, wenn es ein Problem gibt. Aber von Grund auf eine Beziehung erarbeiten, ohne dass man selbst Freude daran hätte, das geht nicht.

ABGESCHLOSSENE LIEBE: ICH WILL KEINEN SEX MEHR

Meine Frau und ich sind seit über dreißig Jahren verheiratet. Und trotz zwanzig Jahren Altersunterschieds sehr glücklich. Der Grund ist, so glauben wir beide, dass wir einander viel Raum lassen und alles offen besprechen. Seit einiger Zeit merke ich nun, dass ich keinen Sex mehr will. Für mich ist das Thema irgendwie abgeschlossen. Für meine Frau nicht. Natürlich haben wir auch darüber geredet und sind zu dem Schluss gekommen, dass sie sich einen Liebhaber nehmen sollte, der ihre körperlichen Bedürfnisse befriedigt. Eigentlich hielt ich das für eine gute Lösung. Doch jetzt habe ich Zweifel. Am Ende zerstört dieser Plan unsere Ehe.

Horst, 78

Sex ist kein Akt, bei dem ein Mann mit Erektion ein Zimmer betritt und in eine bereits vorerregte Frau hineingleitet. Können Männer ihre körperlichen Bedürfnisse etwa ausschließlich im Bordell befriedigen, im wahrsten Sinne des Begriffs »befriedigen«?

Und wo bekommt man denn so einen Liebhaber? Der nicht nur ausschließlich die körperlichen Bedürfnisse befriedigt, sondern dem das auch tatsächlich gelingt?

Einen solchen Einschnitt nach mehr als dreißig Jahren Beziehung kann man nicht in der Theorie vorfühlen (es sei denn, man wäre sich ganz sicher, dass es nichts für einen ist – dann bliebe aber die Frage, wie Ihre Frau mit nicht einmal sechzig Jahren mit einem sexlosen Leben auskommen soll). Man muss sich in der Praxis herantasten.

Zunächst habe ich an Cuckold-Foren gedacht, wo der Cuckold (deutsch: Hahnrei) und ihre Frauen sich Männer suchen können, die die Frau in Anwesenheit des Mannes beschlafen. Aber innerhalb dieser Szene geht es um das Ausleben masochistischer und voyeuristischer Triebe des Mannes, das ist bei Ihnen ja nicht der Fall. Sie sind im Gegenteil bereit, ein klassisches Opfer zu bringen. Nun müssen Sie erproben, ob dieses Opfer nicht zu groß ist.

Versuchen Sie doch folgendes Szenario: Ihre Frau geht alleine weg. Sie lernt einen Mann kennen. Sie besprechen vorher, welchen Beziehungsstatus Ihre Frau angibt, ob sie Sie verleugnet oder die Wahrheit sagt, ob sie in eine ganz andere Rolle schlüpft. Sie legen gemeinsam fest, wie weit sie gehen darf. Verabredet sie sich, mit dem Mann ins Kino zu gehen, darf sie ihn küssen, anfassen, mit ihm nackt sein? Darf sie ihn wiedersehen? Darf sie sich auf ihn freuen, darf sie abends mit ihm telefonieren, darf sie ihm tagsüber Nachrichten schicken?

Es wäre ein Fehler, bei einem solchen Schritt, wie Sie ihn vielleicht gehen wollen, einfach nach der Devise »Was ich nicht weiß, macht mich nicht heiß« zu agieren. Nichts ist mit dem ersten Schritt verloren. Gehen Sie den Weg langsam, transparent und gemeinsam.

UNTOTE LIEBE: WIR SIND GETRENNT, ABER LEBEN ZUSAMMEN

Meine Frau (ich bin lesbisch) hat sich nach 15 Jahren von mir getrennt. Wir wohnen weiter in der großen gemeinsamen Wohnung in getrennten Räumen, was aus rein finanziellen Gründen für uns beide nötig und nicht zu ändern ist. Nun schaue ich mich in Flirtforen um. Was sie davon hält, weiß ich nicht, wir sprechen nur das Nötigste miteinander. Sollte ich jemanden finden, der mit mir Sex haben möchte, und ich will das auch, wäre das dann ein Seitensprung?

Zwar sind wir getrennt von Tisch und Bett, und sie wollte sexuell schon lange nichts mehr von mir wissen, aber ich will mir nicht sagen lassen, ich hätte sie betrogen, falls sie mich zurückwill.

Ines, 52

Sie sind getrennt von Tisch und Bett, aber nicht von Badezimmer und Nebenkostenabrechnung. Sie sagen, dieser Zustand sei nicht zu ändern, aber mit einer Scheidung kommen eben Belastungen auf einen zu.

Eine Scheidung kann so schmerzhaft wie der Tod eines Angehörigen sein. Man geht diesem Schmerz nicht aus dem Weg, indem man die Trennung einfach ignoriert und weiterbröselt, als habe sich nicht alles geändert.

»Der Schmerz ist wie ein Gas«, heißt es in Chad Harbachs Roman »Die Kunst des Feldspiels«. »Es füllt den Raum komplett aus, den du ihm gibst. Wir sollten also vor Schmerzen keine Angst haben. Viel davon tut nicht mehr weh oder beansprucht mehr psychischen Raum als nur ein bisschen.« Es geht an dieser Stelle um das Training von Athleten. Zunächst leuchtete sie mir nicht ein. Warum soll großer Schmerz nicht mehr wehtun als kleiner? Es wird klarer, wenn man es etwas anders formuliert: Ab einer bestimmten Wahrnehmungsschwelle bestimmt uns der Schmerz, ob es nun Zahnschmerz ist oder eine Gallenkolik. Also sollte ein andauernder Schmerz unerträglicher sein als ein kürzerer, vielleicht intensiverer. Zudem können Sie entscheiden, wie viel Raum Sie dem Schmerz geben.

Sie erleben bereits Schmerz. Sie klingen, als seien Sie schon lange sexuell verachtet worden und doch hoffen Sie noch darauf, irgendwann zurückgenommen zu werden, als wären Sie ein in die Kiste verbanntes Spielzeug, das den Glauben nicht verlieren will, das alt gewordene Kind werde es noch einmal herausnehmen.

Und so wollen Sie noch treu sein, obwohl Sie längst verlassen sind.

Sie leben nebeneinander, sie sprechen kaum, in dieser Wohnung muss die Luft dick sein von unausgesprochenen Vorwürfen.

Ziehen Sie aus, nehmen Sie in Kauf, dass die Wohnung kleiner ist, seien Sie traurig, schließen Sie sich ein und dann strecken Sie wieder die Fühler aus in ein neues, echtes Leben. Und flirten Sie! Ob online oder auf der Straße. Für jeden Kuss verlässt ein Schmetterling seinen Kokon.

MIT-ODER-OHNE-LIEBE: ICH KANN NICHT MIT IHM, NICHT OHNE IHN

Einige Male schon habe ich angesetzt, meinen Freund zu verlassen, aber ich kann nicht ohne ihn! Mit ihm geht es jedoch auch nicht.

Wencke, 33

Die Mutter einer Bekannten, die selbst um die fünfzig ist, heiratete ihren Mann, obwohl sie einen anderen liebte. Sie fühlte sich verpflichtet. Die beiden bekamen fünf Kinder miteinander, sie wurde immer dünner und er immer dicker, obwohl sie abends den Kühlschrank mit einem Schloss verriegelte und den Schlüssel nachts um ihren Hals trug. Er schlug die Kinder, sie schaute weg, sie machte seine Wäsche und verachtete ihn.

Erst kurz vor ihrem Tod sah sie den anderen, den sie liebte, noch einmal wieder. Sie waren beide an Krebs erkrankt, sie wussten, dass sie sich das letzte Mal sehen würden, niemand weiß, was während dieses Treffens geschah, sie hat nie darüber geredet.

Danach holte ihr Mann sie vom Bahnhof ab, fragte: »Liebst du mich noch?« und sie antwortete: »Ich bin wiedergekommen, das muss reichen.«

Die Geschichten, die wir noch von unseren Eltern kennen, eher noch von unseren Großeltern, diese Geschichten von vollkommener Ausweglosigkeit, die stammen aus einer fernen Zeit. Von der Verpflichtung an geschahen alle anderen Dinge ganz zwangsläufig, es war, als würden die Menschen ihr Schicksal abarbeiten.

Dieses Gefühl von Verpflichtung ist uns heute fremd. Und doch hat wohl jeder schon einmal gehört: Ich kann nicht mit ihm, aber ich kann auch nicht ohne ihn.

Die Mutter meiner Bekannten hätte gut ohne ihn gekonnt, aber sie hat es sich verboten.

»Er hat nichts mehr zu gewinnen und nichts mehr, das er verlieren könnte. Er kann nicht mit ihr leben und nicht ohne sie.« Das singt Bono Vox von U2 in »With or without you« und es klingt dramatisch, wie wir ja überhaupt alles, was an Dramapotenzial noch in uns steckt, in unsere Beziehungen hineindrücken müssen. Gibt sonst ja bloß Routine.

Wenn man in einer Diktatur lebt, dann bedeutet der Sturz des Diktators nicht zwangsläufig Freiheit – vielleicht gleitet das Land in die Anarchie ab, und wo es vorher ungerechte, brutale, bösartige Regeln gab, herrscht nun das Chaos; auf einmal stellt man fest, dass man sich mit den Regeln arrangieren konnte.

Was nun, wenn man niemanden mehr findet, wenn man immer allein bleibt? Oder wenn die neuen Partner noch unverträglicher, noch gemeiner sind? Wenn man nicht nur betrogen wird, sondern gleich noch mit einer Geschlechtskrankheit infiziert?

Man bleibt bei dem, mit dem es nicht geht, aus Angst vor dem Unbekannten. Und damit ist das With or without you-Paradox auch schon gelöst. Dass es mit nicht geht, weiß man, dass es ohne nicht geht, fürchtet man bloß.

Die Beziehung ist bereits gescheitert, das Kind in den Brunnen gefallen. Jetzt muss man nur noch die Beerdigung durchziehen.

AFFENLIEBE: MEINE EX SCHLÄFT MIT MIR, WENN ES IHR GERADE NUTZT

Vor 15 Jahren haben meine Frau und ich uns in einem extrem hässlichen Scheidungskrieg getrennt. Aber immer, wenn wir in unserem gemeinsamen Haus in Südfrankreich sind, schläft sie mit mir. Es gibt dabei keine Zärtlichkeiten, es ist ihre Art, mich für meine Handwerksleistungen in dem Haus zu »bezahlen«. Wieder zu Hause sind wir nur »Kumpel«. Ich möchte eine normale Beziehung; sie sagt, sie sei »durch mit den Männern«. Im Herbst fahren wir wieder in das Haus.

Claas, 68

Natürlich war Ihre Scheidung ein extrem hässlicher Krieg. Es bedeutet ja schon längst nichts mehr, was zwischen Ihnen passiert. Nichts hat Konsequenzen, alles beinhaltet auch sein Gegenteil.

Wenn Ihre Exfrau Sex mit Ihnen hat, dann gibt es dabei keine Zärtlichkeiten, wenn Sie sich trennen, bleiben Sie Kumpels, wenn ein Urlaub zeigt, dass es nicht klappt, fährt man wieder. Es ist, als würde man zwei Schimpansen bei ihrem Alltag zuschauen.

Schimpansen nämlich, das macht sie sehr sympathisch, sind nicht rachsüchtig. Sie wehren immer nur die gegenwärtige Gefahr ab oder attackieren, weil sie einen direkten Vorteil suchen. Aber nie wird etwa eine Mutter einige Tage nach der Tat die Mörder ihres Babys strafen. Doch wie zum Teufel soll man als Mensch so leben?

Sie wollen nun zurück in die Normalität. Aber dort befinden Sie sich bereits. Sie sind gefangen in der Normalität einer Beziehung, die vor anderthalb Jahrzehnten, als Schröder gerade Kanzler, Viagra von der EU-Kommission freigegeben und Modern Talking wieder auf die Menschheit losgelassen wurde, aufgehört hat, ein Miteinander zu sein.

Sie sind noch verbunden durch ein Gestrüpp aus Gewohnheit, Zwängen und Gegebenheiten. Nun ist es so offensichtlich, was zu tun wäre, dass es albern ist, Ihnen das zu sagen. Das hätten Sie irgendwann zwischen der Erfindung der Hartz-Gesetze und der Wiederwahl George W. Bushs auch herausfinden können.

Jedoch ist es mit Ihnen, als würde man Helmut Schmidt raten, mit dem Rauchen aufzuhören. Wie er oft genug selbst erzählt hat, sagt sein Arzt, Verzicht sei für ihn gefährlicher als Nikotin. Wenn das Falsche das Leben geworden ist, wie dann das Falsche ersetzen? Für einen Raucher gilt es zu verstehen, dass der Kick in Wahrheit nur einen Zustand herstellt, den der Nichtraucher immer hat. Statt zu hoffen, es gäbe bald eine gesunde Zigarette.

Wenn etwas endet, dann beginnt auch etwas. Man muss im Kopf zur Freiheit fähig sein.

FREUDIANISCHE LIEBE: MEIN FREUND LIEBT SEINE FRAU, WEIL SIE SEINER MUTTER GLEICHT

Derzeit bin ich in einer Affäre mit meinem Arzt, den ich zugegebenermaßen schon leicht verführt habe. Er ist verheiratet mit einer Frau, die ihn körperlich auf Distanz hält, die er vom Kopf her aber noch liebt und nicht verlassen kann, weil er seinem Kind nicht die gleichen traumatisierenden Erlebnisse zumuten möchte, die er selbst erlebte. Sein Vater hat seine Mutter (die wohl seiner jetzigen Frau gleicht) mehrmals betrogen, ist also der Böse in der Familie und er ist durch mich in die Fußstapfen seines Vaters getreten.

Jetzt ist er in der Rolle des Märtyrers (wie damals seine Mutter) und des Ehebrechers gefangen und kann nicht ausbrechen. Das heißt, dass er nicht aktiv ausbrechen kann. Er verbringt fast jede Minute in einer seiner Praxen oder mit Smsen mit mir. Alles Körperliche, Sinnliche teilt er mit mir. Ist dann nicht die Aussage, dass er seine Frau noch liebt, nicht nur eine ganz verkopfte?

Sida, 31

Lassen Sie mal das ganze Rumpsychologisieren beiseite, im Zweifel sind diese Erklärungen zu kurz geraten. Das fehlende Bekenntnis zerstört erst das Vertrauen, bringt dann die Sympathie ins Wanken und greift zuletzt die Leidenschaft an.

Zunächst merkt man, dass man den anderen nicht anrufen kann, wann immer einem danach ist, weil vielleicht gerade der offizielle Partner neben ihm steht. Dann fällt einem auf, dass man ihn auch nicht anrufen kann, wenn man ihn wirklich dringend braucht, weil auch in diesem Moment die Wahrung der Heimlichkeit wichtiger ist als das Beistehen in der Not. Das ist das Ende des Vertrauens, denn zum Vertrauen gehört, dem anderen zu vertrauen, dass er da ist, wenn es brennt.

Jemandem, dem ich nicht vertrauen kann, bringe ich keine Sympathie entgegen. Natürlich: Ich kann ein Schlitzohr mögen, den gewieften Gauner bewundern, aber etwas nagt, etwas bohrt da und schließlich stelle ich fest, dass ich andere mehr mag, andere, die da sind für mich.

Wenn ich aber einen nicht mehr so richtig mag und ihm nicht vertraue, dann zehrt das zuletzt auch an der Leidenschaft. Leidenschaft ist Audruck von Harmonie, von Gleichklang.

Ja, es gibt Versöhnungssex, es gibt wütenden Sex, aber zwei Leute, die sich nicht mögen, werden über einen längeren Zeitraum keinen leidenschaftlichen Sex haben.

Diese unscheinbaren Worte, dieses so formal wirkende Erfordernis der Liebe, sich zu bekennen, nach innen und nach außen zu sagen: »Das ist sie, meine Liebe, du bist es«, ist tatsächlich so wichtig.

BESCHISSENE LIEBE:
ICH BEKOMME NIE ETWAS ZURÜCK

Die »Liebe« ist ein beschissenes Spiel. Serielle Monogamie nennt man das heute ja, Schröder und Fischer lassen grüßen. Wenn man aber gerade nicht Kanzler oder Vizekanzler war, sieht' s nicht so rosig aus. Ich gebe und gebe und gebe und am Ende ist doch alles Essig.

Reiner, 43

Liebe ist eine Überforderung; Lieben etwas, das man versucht, ohne sicher zu sein, dass man es kann.

In dem berühmten Bob-Marley-Zitat »You may not be her first« wird deutlich, was ich meine: »Du magst nicht ihr Erster sein, ihr Letzter oder ihr Einziger. Sie hat zuvor geliebt, sie liebt vielleicht noch einmal. Aber wenn sie dich jetzt liebt, was zählt sonst noch?« Da geht sie hin, die Ewigkeitsgarantie. Aber ist der Moment mit der Liebe nicht wenigstens vollkommen? Nicht einmal das: »Sie ist nicht vollkommen, du bist es auch nicht und ihr beide seid womöglich niemals vollkommen miteinander, aber wenn sie dich zum Lachen bringt, dazu, etwas von einer anderen Seite zu betrachten und zuzugeben, menschlich zu sein und als Mensch Fehler zu machen, halte an ihr fest und gib ihr alles, was du kannst.«

Man gibt alles, was man geben kann, und was bekommt man dafür? Die Fähigkeit, eine Sache von einer anderen Seite zu sehen.

Menschen töten sich selbst aus unerwiderter Liebe, sie sterben an gebrochenem Herzen, sie werden verrückt oder singen sogar Lieder von Céline Dion. Vielleicht erlebt man mehr Leid in seinem Leben in Verbindung mit Menschen, die man liebt oder einmal geliebt hat, als mit Menschen, die man instinktiv verabscheut. Hat man nicht mehr Tränen vergossen über den Verlust der ersten großen Liebe als über irgendeinen Bully?

Der chilenische Dichter Pablo Neruda schrieb: »Ja, ich liebe sie nicht mehr, doch wie liebte ich sie, damals. Zum Wind wurde meine Stimme, um ihr Ohr zu berühren … Ja, ich liebe sie nicht, oder liebe ich sie noch immer? So kurz dauert die Liebe und so lang das Vergessen.«

Liebe endet nicht und dauert viel zu kurz. Sie ist immer da und wird schmerzlich vermisst.

Leben kann nur der, der stirbt, lieben nur der, der leiden kann.

Ohne Liebe wären wir Ameisen, Arbeitsroboter, die nie den süßen Schmerz des Verlusts erleben würden, die Erinnerung mit Tränen in den Augen. Wer leidenslos leben möchte, kann das ja versuchen. Es wird sich nicht als Leben entpuppen.

Die Liebe ist ein beschissenes Spiel. Man wäre verrückt, es nicht zu spielen. Sie müssen sich nur vor jenen in Acht nehmen, die bluffen.